全国会计
从业资格
考试

严格依据财政部最新会计从业资格考试大纲编写

财经法规与会计职业道德

零基础通关

闫耀华 编著

中国宇航出版社
·北京·

图书在版编目(CIP)数据

财经法规与会计职业道德零基础通关 / 闫耀华编著. -- 北京：中国宇航出版社，2015. 6

ISBN 978 -7 -5159 -0930 -1

Ⅰ. ①财… Ⅱ. ①闫… Ⅲ. ①财政法 - 中国 - 会计 - 资格考试 - 自学参考资料②经济法 - 中国 - 会计 - 资格考试 - 自学参考资料③会计人员 - 职业道德 - 资格考试 - 自学参考资料 Ⅳ. ①D922. 2②F233

中国版本图书馆 CIP 数据核字(2015)第 106142 号

策划编辑 董 琳　　责任校对 李 立

责任编辑 董 琳　　封面设计 宇星文化

出版发行 中国宇航出版社

社 址 北京市阜成路 8 号　邮 编 100830

(010)60286808　(010)68768548

网 址 www.caphbook.com

经 销 新华书店

发行部 (010)60286888　(010)68371900

(010)60286887　(010)60286804(传真)

零售店 读者服务部

(010)68371105

承 印 北京中新伟业印刷有限公司

版 次 2015 年 6 月第 1 版

2015 年 6 月第 1 次印刷

规 格 787 × 1092

开 本 1/16

印 张 12.25

字 数 268 千字

书 号 ISBN 978 -7 -5159 -0930 -1

定 价 28.00 元

前　言

改革开放以来，随着我国社会主义市场经济的不断发展，市场对经济管理类人才的需求呈上升趋势，尤其是对财务人员更是如此。这也使得报考会计从业资格、会计专业技术资格的考生与日俱增。会计行业不仅具有广泛的就业前景，而且专业技术含量高，工作时间越长，经验越丰富。“会计越老越值钱”已成为人们的共识。那么如何学好会计知识？如何顺利考取会计从业资格证书？如何做一名合格的会计人员？这是广大会计从业资格考生必须面对的问题。因此，我们为适应市场需求编写了“零基础通关”考试辅导系列图书，其主要目的就是帮助考生以严谨、认真的态度，学好会计理论，顺利通过会计从业资格考试，为考生的会计人生打下扎实的基础。

“零基础通关”考试辅导系列图书共三本，是按照财政部2014年重新修订的会计从业资格考试大纲编写的，这套系列图书是由多年坚持一线教学的授课老师，结合多年教学实践，归纳总结历年考试重点及难点，经过反复论证、反复推敲，以全新体例重新出版的考试用书。

《会计基础》是考取会计从业资格证书的主科，学好《会计基础》更是做好会计工作的前提条件，我们考虑到学习会计从业资格的考生“零”基础的特点，从基础知识、基本概念入手，通过解析、图表、例题和解题过程等不同形式详细讲解知识点；对多年的考试重点以课后总复习的形式进行综合训练，做到了知识点全面覆盖并突出考试重点。本套辅导教材坚持由浅入深、循序渐进的教学思路，力求考生对基本概念学懂弄通，对不易掌握的记账方向，我们以丁字账的结构对各会计账户进行讲解，以达到通俗易懂的效果。针对初学会计的考生对经济业务应当使用的会计科目和记账方向存在的障碍，我们以常用的会计科目为主把其科目性质、记账方向和账户特点整合成一张教学中深受考生喜欢的会计科目表，化繁为简便于理解；有些会计业务附有实际操作说明，不仅增强了考生对图书阅读的趣味性，对简单会计业务的实际处理还起到了引导作用。

《财经法规与会计职业道德》以基本常识为突破口，结合历年考试热点，以例题、案例的形式突出知识点、便于记忆。有些可能的出题点以不同题型进行说明，减少了长篇大论，突出了考试要点，省去了考生大量的阅读时间。

《初级会计电算化》按照考试大纲逐章论述，知识点覆盖全面，其中插入少量与考试有关的操作题有助于考生应试，总复习部分总结了以往历年的考试题作为对会计电算化基础知识的补充，难易结合，循序渐进。

“零基础通关”是考生参加会计从业资格考试必备的一套辅导教材，相信这套图书不仅给考生带来学习方法上的指导，还为考生顺利考取会计从业资格证书助力！

会计从业资格考试采用机考形式进行，与传统的纸质考试形式相比，要求考生掌握的知识面更宽。从考试题型上，各科均以单选题、多选题、判断题、不定项选择题等题型出现。由于随机组卷，会给考生带来一定的复习难度，我们建议考生在通读教材的基础上，深刻理解知识内容，而不是死记硬背，对重点、难点深入学习，以求融会贯通，举一反三。机考也有其优势，能减少考生解题的时间和文字书写量，只要考生对学习过的知识能给予正确选择和判断，答题的速度会较快。相信只要有付出就会有回报，世上无难事，只要肯登攀！学习来不得半点虚假，学习学的是一种方法、一种态度，爱学习，会学习，一定会达到理想的彼岸！

该套图书的出版是作者和出版社编辑共同努力的结果，尽管我们努力追求完美，但由于时间仓促、水平所限，难免会出现这样或那样的问题，我们真诚希望广大读者多提宝贵意见。

展望未来，我们和考生共同学习、共同进步、共同为实现中国梦不断进取。衷心祝愿考生学业有成、顺利取证、梦想成真！

作者　闫耀华

2015 年 5 月

目　录
CONTENTS

第一章　会计法律制度

◉基本要求与考点提示

1. 了解会计法律制度的构成
2. 熟悉会计工作管理体制
3. 熟悉会计档案管理
4. 熟悉内部控制制度
5. 熟悉会计机构的设置
6. 掌握会计核算的要求
7. 掌握会计工作交接的要求
8. 掌握会计违法行为的法律责任

第一节　会计法律制度的构成

一、会计法律制度的概念

会计法律制度是指国家权力机关和行政机关制定的，用以调整会计关系的各种法律、法规、规章和规范性文件的总称。

会计关系是指会计机构和会计人员在办理会计事务过程中以及国家在管理会计工作过程中发生的各种经济关系。

二、会计法律制度的构成

我国会计法律制度主要包括会计法律、会计行政法规、会计部门规章和地方性会计法规等。它是调整会计关系的法律规范。

【考点提示】关于会计法律制度的概念，我们要把握两点：一是会计法律制度的构成，二是会计法律制度是调整会计关系的法律规范。

（一）会计法律

《会计法》是会计法律制度中层次最高的法律规范，是制定其他会计法规的依据，也是指导会计工作的最高准则。

《会计法》是由全国人民代表大会常务委员会经过一定立法程序制定的关于会计工作的法律。

（二）会计行政法规

会计行政法规是指由国务院制定并发布、或者由国务院有关部门（如财政部）拟定并经国务院批准发布、调整经济生活中某些方面会计关系的法律规范。属于会计行政法规的有《企业财务会计报告条例》《总会计师条例》。会计行政法规的制定依据是《会计法》。

【说明】行政法规的后边一般冠以条例、办法、规定等名称。

（三）会计部门规章

会计部门规章是指国家主管会计工作的行政部门——财政部以及其他相关部委根据法律和国务院的行政法规、决定、命令，在本部门的权限范围内制定的、调整会计工作中某些方面内容的国家统一的会计准则制度和规范性文件，包括国家统一的会计核算制度，会计监督制度、会计机构和会计人员管理制度及会计工作管理制度等。

【说明】国家统一的会计制度是由国务院财政部门制定的。（单选题）

属于国家统一的会计制度的都是会计工作中某些方面非常具体的，以各行业具体会计制度组成，如《金融企业会计制度》《会计基础工作规范》《会计档案管理办法》等。（多选题）

（四）地方性会计法规

地方性会计法规是指由省、自治区、直辖市人民代表大会或常务委员会在同宪法、会计法律、行政法规和国家统一的会计准则制度不相抵触的前提下，根据本地区情况制定发布的关于会计核算、会计监督、会计机构和会计人员以及会计工作管理的规范性文件。

【说明】地方性会计法规，也是我国会计法律制度的重要组成部分，它的制定依据依然是《会计法》、会计行政法规和国家统一的会计制度。

在与《会计法》不相抵触的前提下，各省、自治区、直辖市人民代表大会及其常务委员会可以制定适合本地区的地方性会计法规。（判断题）

【例题 1－1·单选题】在下列会计法律法规中，在法律地位上作为指导会计工作的最高准则的是（　　）。

A.《企业财务会计报告条例》　　B.《中华人民共和国会计法》

C.《企业会计准则》　　D.《会计基础工作规范》

【答案】B

【解析】《会计法》在会计法律法规中具有最高的法律地位，法律地位的表述依次是《会计法》、会计行政法规、会计部门规章、地方性会计法规。即：《会计法》＞会计行政法规

>会计部门规章>地方性会计法规。

【例题1－2·单选题】《会计法》是我国会计法律制度中层次最高的法律规范，其制定部门是（ ）。

A. 国务院　　B. 全国人大及其常委会

C. 国务院财政部门　　D. 国税总局

【答案】B

【解析】宪法是由全国人民代表大会制定并颁布的根本大法，而《会计法》的制定是全国人民代表大会及其常委会。

【例题1－3·多选题】下列各项中，属于会计行政法规的是（ ）。

A.《会计法》　　B.《企业财务会计报告条例》

C.《总会计师条例》　　D.《企业会计准则》

【答案】BC

【解析】会计行政法规的法律地位仅次于《会计法》，其制定部门是国务院。

【例题1－4·单选题】下列会计法律体系中，调整会计工作中某些方面内容的国家统一的会计准则制度和规范性文件的是（ ）。

A. 会计行政法规　　B. 会计部门规章

C.《会计法》　　D. 地方性会计法规

【答案】B

【解析】会计部门规章是国务院财政部门制定的、调整会计工作中某些方面内容的国家统一的会计准则制度和规范性文件。

【例题1－5·单选题】下列会计法律法规体系中，调整经济生活中某些方面会计关系的法律规范的是（ ）。

A.《会计法》　　B. 会计行政法规

C. 会计部门规章　　D. 地方性会计法规

【答案】B

【解析】会计行政法规是国务院制定并发布的调整经济生活中某些方面会计关系的法律规范。而会计部门规章是调整会计工作中某些方面内容的会计准则制度和规范性文件，请注意调整的“内容”有所不同。

【例题1－6·判断题】各地方财政部门可以在与《会计法》不相抵触的前提下制定适合本地区的地方性会计法规。（ ）

【答案】×

【解析】地方性会计法规由地方人民代表大会及其常务委员会制定。财政部门是会计工作的管理部门，无权制定地方性法规，但可以制定会计制度。故答案错误。

【例题1－7·多选题】会计部门规章是指国务院财政部门依据《会计法》和会计行政法规、决定、命令，在本部门权限内制定的、调整会计工作中某些方面内容的国家统一的会计准则制度和规范性文件，具体包括(　　)。

A. 国家统一的会计核算制度　　B. 会计监督制度

C. 会计机构和会计人员管理制度　　D. 会计工作管理制度

【答案】ABCD

【例题1－8·判断题】会计部门规章是调整经济生活中某些方面会计关系的法律规范。(　　)

【答案】×

【解析】会计行政法规是国务院制定的调整经济生活中某些方面会计关系的法律规范。会计部门规章是财政部门制定的调整会计工作中某些方面内容的国家统一的会计准则制度和规范性文件。

第二节　会计工作管理体制

会计工作管理体制是指国家划分会计工作管理权限的制度。包括以下三个方面的内容：

(1)会计工作的行政管理。

(2)会计工作的自律管理。

(3)单位会计工作管理。

一、会计工作的行政管理

(一)会计工作行政管理体制

我国会计工作管理体制实行统一领导、分级管理的原则。

国务院财政部门主管全国的会计工作。县级以上地方各级人民政府财政部门管理本行政区域内的会计工作。

【例题1－9·判断题】根据会计工作管理体制，省级以上地方各级人民政府财政部门管理本行政区域内的会计工作。(　　)

【答案】×

【解析】《会计法》第七条规定："国务院财政部门主管全国的会计工作。县级以上地方各级人民政府财政部门管理本行政区域内的会计工作。"例如，考生参加会计从业资格考试就是到区县级财政部门报名。

(二)会计工作行政管理的内容

【例题1－10·多选题】国务院财政部门会计工作行政管理的主要内容包括(　　)。

A. 制定国家统一的会计准则制度　　B. 会计市场管理

C. 会计专业人才评价　　D. 会计监督检查

【答案】ABCD

《会计法》第八条规定："国家实行统一的会计制度。国家统一的会计制度由国务院财政部门根据本法制定并公布。"由国务院财政部门制定的规范性会计制度主要包括三个方面：(多选题)

(1)国家统一的会计核算制度，如《小企业会计制度》《金融企业会计制度》等。

(2)国家统一的会计机构和会计人员管理制度，如《会计从业资格管理办法》等。

(3)国家统一的会计工作管理制度，如《会计档案管理办法》《会计人员工作规则》等。

二、会计工作的自律管理

(一)中国注册会计师协会

【例题1－11·多选题】中国注册会计师协会是在财政部党组和理事会领导下开展行业管理和服务的法定组织，该协会设立的法律依据是(　　)。

A.《会计法》　　B.《注册会计师法》

C.《社会团体登记管理条例》　　D.《公司法》

【答案】BC

【解析】《注册会计师法》与《会计法》同为全国人大制定的有关会计工作的法律。《社会团体登记管理条例》是社团行政法规。

北京注册会计师协会成立于1993年7月，是经北京市民政局批准成立的社会团体法人，依法对北京市会计师事务所及注册会计师实施行业自律管理。

(二)中国会计学会

中国会计学会创建于1980年，隶属于财政部，是由会计理论界、实务界会计工作者自愿结成的学术性、专业性、非盈利性社会组织。加入会计学会，会员每年需缴纳会员会费。

(三)中国总会计师协会

中国总会计师协会是经财政部审核同意、民政部正式批准，依法注册登记成立的跨地区、跨部门、跨行业、跨所有制的非盈利性的国家一级社团组织，是全国性的自律组织。

三、单位内部的会计工作管理

单位内部的会计工作管理主要包括：

(1)单位负责人的职责；

(2)会计机构的设置；

(3)会计人员的选拔任用；

(4)会计人员回避制度。

【例题1－12·多选题】各单位内部会计工作管理的内容主要有(　　)。

A. 单位负责人的职责　　B. 会计机构的设置

C. 会计人员的选拔任用　　D. 会计人员回避制度

【答案】ABCD

第三节　会计核算

会计核算是会计工作的重要组成部分，是会计的基本职能之一，会计核算质量的高低对企业乃至国家的经济发展起着至关重要的作用，对会计核算的相关法律要求，一般包括以下方面。

一、总体要求

(一)会计核算的依据

《会计法》规定，各单位必须根据实际发生的经济业务事项进行会计核算，填制会计凭证，登记会计账簿，编制财务会计报告。任何单位不得以虚假的经济业务事项或者资料进行会计核算。

【提示】会计核算强调必须根据实际发生的经济业务事项进行会计核算，是贯彻会计信息质量要求的“可靠性”原则，也称客观性原则，是指企业应当以实际发生的交易或者事项为依据进行会计确认、计量和报告。

结合会计基础知识，并非所有经济业务的发生都要进行会计核算，如果并不引起资金变动时，就不必进行会计核算。如制定的投资计划——购买新型设备、生产线等，在计划还没有落实前就不必进行会计核算。

(二)对会计资料的基本要求

(1)会计资料的生成和提供必须符合国家统一的会计准则制度的规定；

(2)提供虚假的会计资料是违法行为。

为确保会计资料的真实、完整，《会计法》强调指出：生成和提供虚假会计资料是一种严重违法行为。任何单位和个人不得伪造、变造会计资料。

【提示】要求同学们理解何为伪造、何为变造的含义。

所谓“伪造”会计资料，是指以虚假的经济业务事项为前提编造不真实的会计资料，即无中生有。

所谓“变造”会计资料，是指用涂抹、挖补等手段改变会计资料的真实内容，即篡改事实、以假乱真。

伪造、变造会计资料，提供虚假财务会计报告，无论是为本单位内部，还是为外单位，行为人无论是某单位还是某个人，其行为都是严重的违法行为，都是会计法律法规所不允许的。即伪造、变造行为既包括单位也包括个人，既包括为本单位伪造、变造，也包括为其他单位伪造、变造会计资料的行为。

会计资料具体包括：会计凭证、会计账簿 、财务会计报告、其他会计资料。

【提示】其他会计资料包括：会计档案保管清册、会计档案移交清册、会计档案销毁清册、银行存款余额调节表、银行对账单等。

【例题 1－13 · 多选题】下列各项中，可以作为其他会计资料的有(　　)。

A. 会计档案保管清册　　B. 银行存款余额调节表

C. 银行进账单　　D. 会计档案销毁清册

【答案】ABD

【解析】选项 C 是会计凭证，属于会计档案。属于其他会计资料的还包括：银行对账单，会计档案移交清册等。

【例题 1－14 · 判断题】所谓变造会计凭证、会计账簿的行为就是指以虚假的经济业务事项为前提，编造不真实的会计凭证、登记会计账簿的行为。(　　)

【 答案】×

【解析】这是“伪造”的含义。

二、会计凭证

会计凭证是指记录经济业务发生或者完成情况的书面证明，是登记账簿的依据。

会计凭证按照填制程序和用途的不同分为原始凭证和记账凭证。

(一)原始凭证

(1)原始凭证的定义。

原始凭证是在经济业务事项发生时由经办人员直接取得或者填制，用以表明某项经济业务事项已经发生或完成情况、明确有关经济责任的一种原始凭据。

【提示】会计机构、会计人员对不真实不合法的原始凭证，有权不予受理，并向单位负责人报告。

(2)原始凭证错误的更正。(案例题)

①原始凭证所记载的各项内容均不得涂改。

②原始凭证记载的内容有错误的，应由出具单位进行更正。

③原始凭证金额有错误，只能由出具单位重新开具，不得在原始凭证上进行更正。

④原始凭证开具单位，对开具有误的原始凭证负有更正和重新开具的法律义务，不得拒绝。

【提示】开具原始凭证时，付款人单位名称应当与注册名称保持一致，不得使用简称，如果名称出现错误应当重新开具。

【例题1－15·多选题】各单位都必须按一定的程序填制和审核会计凭证，根据审核无误的会计凭证进行账簿登记，如实反映企业的经济业务。下列关于会计凭证的表述，正确的有(　　)。

A. 金额有误的原始凭证不能作为编制记账凭证的依据

B. 外来原始凭证必须加盖出具单位财务专用章、发票专用章等方可作为原始凭证使用

C. 取得的原始凭证与实际经济业务不相符的即为伪造的会计凭证

D. 对会计凭证的种类、取得、审核、更正必须符合《会计法》的有关规定

【答案】ABCD

【例题1－16·单选题】《会计法》对实行会计电算化的单位做出了两方面的规定：使用的会计核算软件以及用计算机软件生成的会计资料必须符合(　　)规定。

A.《会计法》　　B. 会计行政法规

C. 国家统一的会计制度　　D. 电算化要求

【答案】C

【解析】在会计电算化环境下，账务处理通过手工录入然后由计算机自动输出凭证，用于核算的会计软件和用软件生成的会计资料必须符合国家统一的会计制度的规定。

【例题1－17·多选题】某企业从外部购入原材料一批，货到后材料保管员按照合同进行了验收，对该材料的规格、品种、数量和单价进行了逐一查验后无误，并填写了材料入库单。会计人员根据发票和材料入库单进行账务处理的时候，发现发票的金额处有更改的痕迹，便向验收材料的保管员询问入库情况，当得知数量、单价与合同一致时，便在金额处加盖了本单位发票专用章，并以此进行了会计处理——编制记账凭证后登记了会计账簿。根据描述，以下表述正确的有(　　)。

A. 该会计人员工作负责，在核对材料入库无误的情况下编制记账凭证的行为正确

B. 该会计人员对原始凭证的处理不正确，不应当据此编制记账凭证

C. 该会计人员应当将原始凭证退回开具单位，由原开具发票单位重新开具无误的发票后再办理会计手续

D. 取得原始凭证的会计人员，无权在原始凭证上加盖本单位发票专用章

【答案】BCD

【例题1－18·多选题】原始凭证下列事项填写错误的，可以更改并在更改处盖章的有(　　)。

A. 填制凭证的日期　　B. 金额

C. 经济业务内容　　D. 经办人员签名

【答案】CD

【解析】本题考核原始凭证的更正。根据规定，原始凭证的金额出现错误的不得更正，只能由原始凭证开具单位重新开具。开票的日期对财务成果的核算具有重要意义，也不得更改，付款单位名称应当以注册全称书写。

【例题1－19·多选题】会计机构、会计人员在审核外来原始凭证时，对不真实、不合法的原始凭证进行处理的正确方法有(　　)。

A. 有权不予受理

B. 向单位负责人报告

C. 请求查明原因，追究有关当事人的责任

D. 予以退回，要求更正、补充完整

【答案】ABC

【解析】根据《会计法》的规定，会计机构、会计人员必须按照国家统一的会计制度的规定对原始凭证进行审核，对不真实、不合法的原始凭证有权不予接受，并向单位负责人报告，请求查明原因，追究有关当事人的责任。选项D是指对真实、合法但不完整的原始凭证的处理，故不是应选项。

(二)记账凭证

记账凭证是对经济业务事项按其性质加以归类、确定会计分录后，据以登记会计账簿的凭证。

记账凭证的编制强调了两方面的要求：

(1)记账凭证编制必须以原始凭证及有关资料为依据。

(2)作为记账凭证编制依据的原始凭证和有关资料必须是经过审核无误的。

【例题1－20·单选题】对经济业务事项按其性质加以归类、确定会计分录后，据以登记会计账簿的凭证是(　　)。

A. 原始凭证　　B. 记账凭证
C. 记账凭证汇总表　　D. 转账凭证

【答案】B

【解析】记账凭证是会计人员编制会计分录的凭证，应以审核无误的原始凭证为依据，记账凭证是登记会计账簿的直接依据。

三、会计账簿

会计账簿是指由一定格式的账页组成的，以经过审核的会计凭证为依据，全面、系统、连续地记录各项经济业务的簿籍。《会计法》对会计账簿的种类、登记规则等内容进行了详细的规定。

(1)各单位应按照要求设置会计账簿，进行会计核算，不得违反规定私设账外账。

(2)各单位应依法设置的会计账簿包括总账 、明细账 、日记账 、其他辅助账簿（也称备查账簿）。

(3)账目核对要做到：账实相符、账账相符、账证相符、账表相符。

【例题1－21·多选题】各单位应当依法设置的会计账簿包括(　　)。

A. 日记账　　B. 明细账　　C. 总分类账　　D. 其他辅助账簿

【答案】ABCD

【解析】值得注意的是，其他辅助账簿并非各单位一定设置，一般是对在总分类账、明细账和日记账中不便登记或者登记的内容不全需要补充说明时登记用的。例如企业里有租赁的设备，有应收、应付票据，抵押、担保等事项时需要在辅助账簿中做详细说明用，其他辅助账簿可以连续使用，不必每年更换，且没有固定的格式。

【例题1－22·判断题】账目核对要做到账实相符、账账相符、账证相符、账表相符，企业银行存款日记账与银行转来的对账单核对就属于企业账证核对的内容。(　　)

【答案】×

【解析】企业银行存款日记账与银行转来的对账单核对属于企业账实核对的内容。和银行对账是银行存款清查的方法，且每月至少一次。

四、财务报表

财务报表是对企业财务状况、经营成果和现金流量的结构性表述。财务报表至少应当包括下列组成部分：①资产负债表；②利润表；③现金流量表；④所有者权益变动表(或股东权益变动表)；⑤附注。财务报表上述组成部分具有同等的重要程度。

【考点提示】

(1)财务会计报告的责任主体应在财务会计报告上签名并盖章的有：

①单位负责人；

②主管会计工作的负责人；

③会计机构负责人；

④设置总会计师的单位，总会计师也应当在财务会计报告上签名并盖章；

⑤实行代理记账的，代理记账机构负责人和委托人签名并盖章后对外提供。

(2)企业会计准则规定，企业至少应当按年编制财务报表。(判断题)

(3)向不同的会计资料使用者提供的财务会计报告，其编制依据应当一致。(判断题)

【例题1－23·单选题】《会计法》规定，财务会计报告应由单位负责人、主管会计工作的负责人、会计机构负责人(会计主管人员)、设置总会计师的还应由总会计师(　　)。

A. 签名　　B. 盖章　　C. 签名并盖章　　D. 签名或盖章

【答案】C

【解析】单位负责人作为法定代表人，依法代表单位行使职权，应当对本单位对外提供的财务会计报告的质量负责。同时以上相关人员也应当在财务会计报告上签名并盖章。

【例题1－24·判断题】根据《企业会计准则》的规定，企业至少应当按月编制财务报表。(　　)

【答案】×

【解析】有些企业由于是季节性生产等原因，至少应当按年编制会计报表。

【例题1－25·案例题】翔远公司是一家国有大型企业。2014年12月，公司召开董事会，总经理胡某认为：财务会计报告专业性很强，我也看不懂，以前我在财务会计报告上签字盖章只是履行程序而已，意义不大，从今以后公司对外报送的财务会计报告一律改由公司周总会计师1人把关，并签字盖章后就可以对外报出。要求分析胡某的观点有无不妥之处。

【答案】根据《会计法》的规定，公司对外报出的财务会计报告应当由企业负责人和主管会计工作的负责人、会计机构负责人签名并盖章；设置总会计师的，还应由总会计师签名并盖章。总经理胡某认为自己不懂会计，财务会计报告上签名只是履行程序的观点不符合《会计法》的有关规定。胡某应当在公司对外报出的财务会计报告上签名并盖章。要求单位负责人签名并盖章的目的就是规避单位负责人逃避责任，以强化其按照《会计法》的有关要求去经营企业。

【例题1－26·多选题】下列有关财务会计报告的签章，表述正确的有(　　)。

A. 财务会计报告应当由单位负责人和主管会计工作的负责人、会计机构负责人签名或盖章

B. 财务会计报告应当由单位负责人和主管会计工作的负责人、会计机构负责人签名并盖章

C. 设置总会计师的单位，还须由总会计师签名或盖章

D. 设置总会计师的单位，还须由总会计师签名并盖章

【答案】BD

五、会计档案管理

会计档案是指会计凭证、会计账簿和财务会计报告等会计核算专业材料，是记录和反映单位经济信息的主要史料和证据。具体包括：①会计凭证类；②会计账簿类；③财务报表类；④其他类。

【考点提示】

(1)会计档案应妥善保管。

①会计档案由会计机构在财务部门保管1年，1年期满后由档案部门或指定专人保管。

②会计档案不得外借，经批准可以复制。(判断题)

(2)会计档案的保管期限分为定期和永久两类。定期保管的会计档案期限最短的3年，期限最长的25年。

(3)保管期满但未结清的债权债务的原始凭证及其他未了事项的原始凭证不得销毁。

(4)正处于项目建设期间的建设单位，其保管期满的会计档案不得销毁。

【提示】会计档案必须同时具备两个条件才能销毁：①保管期满；②未了事项完结以后。不满足上述任何一条，会计档案均不得销毁。这个知识点常以案例题、不定项选择题出现。

【例题1－27·案例题】年终，甲公司拟销毁一批保管期满的会计档案，其中有一张未结清的债权、债务的原始凭证，会计人员邢某认为只要保管期满的会计档案就可以销毁。要求分析会计人员邢某的观点是否正确？

【答案】根据《会计档案管理办法》的规定，保管期满但未结清的债权、债务的原始凭证不得销毁。甲公司会计人员邢某认为只要保管期满的会计档案就可以销毁的观点是错误的。正确的做法是：将保管期满，但未结清的债权、债务事项的原始凭证保管到未了事项完结后再按照销毁程序进行销毁。

【例题1－28·判断题】会计档案一般不可以外借，但是对于特殊情况经单位负责人批准后，可以对外借出，并办理会计凭证借阅登记手续。(　　)

【答案】×

【解析】在任何情况下，无论经任何人批准会计档案也不得借出，对纸质会计档案可以复制，对会计软件生成的会计资料既不可以借出也不可以复制。

【例题 1-29·单选题】按照会计档案管理的规定，银行存款日记账和库存现金日记账的保管期限为(　　)。

A. 5 年　　B. 10 年　　C. 25 年　　D. 永久

【答案】C

【解析】定期保管的会计档案期限最短的为 3 年，最长的为 25 年。保管 3 年的会计档案是月度、季度财务报表。保管 25 年的是日记账。

【例题 1-30·多选题】下列会计档案中，应当保管 5 年的有(　　)。

A. 银行存款余额调节表　　B. 银行对账单

C. 固定资产卡片账　　D. 发票存根

【答案】ABD

【解析】选项 C“固定资产卡片账”应当在固定资产报废清理后继续保管 5 年。

【例题 1-31·判断题】会计档案由会计机构在财务部门保管 1 年，1 年期满后由档案部门或指定专人保管。(　　)

【答案】√

【解析】需要提示考生的是，在会计部门保管会计档案的期限是从新年度 1 月 1 日起至 12 月 31 日止。在会计部门内部保管会计档案属于会计岗位(需要有会计从业资格证书)。如会计档案移交档案管理部门后，保管会计档案的不属于会计岗位。

【例题 1-32·多选题】下列会计档案中，应当永久保管的有(　　)。

A. 会计凭证　　B. 年度财务会计报告

C. 会计档案保管清册　　D. 会计档案销毁清册

【答案】BCD

【解析】选项 A 会计凭证应当保管 15 年，保管期满后如果没有未了事项可以按照销毁程序由财务人员及档案管理人员共同销毁。

【例题 1-33·判断题】各级人民政府财政部门和档案行政管理部门共同负责会计档案工作的指导、监督和检查。(　　)

【答案】√

【例题 1-34·判断题】采用电子计算机进行会计核算的单位，应当保存打印输出的纸质会计档案。(　　)

【答案】√

【例题 1-35·单选题】下列关于会计档案管理的表述，正确的有(　　)。

A. 企业未设立档案部门的，应当在会计机构内部指定专人保管

B. 出纳人员不得兼管稽核，不得登记收入、费用明细账，但可以兼管会计档案保管

C. 保管期限已满但不得销毁的会计档案，应单独抽出立卷，保管到未了事项完结时止

D. 会计档案的保管期限，从会计年度终了后的第一天算起

【答案】ACD

【解析】选项B表述错误。出纳人员既不得兼管稽核，也不得登记收入费用、债权债务账簿，还不得负责会计档案的保管。但出纳并非除日记账外不得登记任何账簿，如固定资产明细账就可以登记。

【例题1－36·判断题】正处于项目建设期间的建设单位，即使保管期满的会计档案也不得销毁。(　　)

【答案】√

【例题1－37·单选题】《会计法》规定，会计核算以人民币为记账本位币。业务收支以外币为主的单位，可以选择某种外币作为记账本位币，但是(　　)应当折算为人民币反映。

A. 会计记录　　B. 编制的财务会计报告

C. 编制的记账凭证　　D. 纳税申报表

【答案】B

【解析】业务收支以外币为主的单位，可以选择某种货币作为记账本位币，记账本位币一经确定不得随意变更，但是编制的财务会计报告应当折算为人民币反映。

【例题1－38·判断题】在我国境内的外国组织，其会计记录的文字既可以使用中文，也可以选择使用另外一种民族文字。(　　)

【答案】×

【解析】在我国境内的外国组织在使用中文的前提下，可以同时使用另外一种民族文字。使用中文是强制性的；使用其他通用文字是备选性的。

【例题1－39·判断题】在编制年度财务会计报告(或年终决算)之前，必须进行财产清查，这种清查属于定期的全面清查。(　　)

【答案】√

【例题1－40·判断题】《会计法》规定："各单位采用的会计处理方法，前后各期应当一致，不得随意变更"。贯彻的是可比性原则的要求。(　　)

【答案】√

【解析】"可比性"要求同一企业前后各期纵向可比，会计核算方法、会计政策不得随意变更；不同企业同一时期横向可比，指标口径应具有可比性。

第四节　会计监督

会计监督是会计的基本职能之一，我国的会计监督体系包括：

(1)单位内部监督。

(2)以政府财政部门为主体的政府监督。

(3)以注册会计师为主体的社会监督。

一、单位内部会计监督

(一)单位内部会计监督的概念与要求

单位内部会计监督是指会计机构和会计人员依照法律的规定，通过会计手段对经济活动的合法性、合理性和有效性进行的一种监督。各单位应当建立、健全本单位内部会计监督制度。

(二)内部控制(考点)

(1)对企业单位而言，内部控制是指由企业董事会、监事会、经理层和全体员工实施的，旨在实现控制目标的过程。

(2)对行政事业单位而言，内部控制是指单位为实现控制目标，通过制定制度、实施措施和执行程序，对经济活动的风险进行防范和管控。

(3)内部控制的原则。

企业、行政事业单位建立与实施内部控制，均应遵循全面性原则、重要性原则、制衡性原则和适应性原则，此外还应遵循成本效益原则。

【提示】所谓制衡性原则，是说内部控制应当在治理结构、机构设置及权责分配、业务流程等方面形成相互制约、相互监督，同时兼顾运营效率。

(4)内部控制的责任人。

对企业而言：

①董事会负责内部控制的建立健全和有效实施。

②监事会对董事会的内部控制进行监督。

③经理层负责组织领导企业内部控制的日常运行。

④内部专门机构负责组织协调内部控制的建立实施及日常工作。

对行政事业单位而言：

单位负责人对本单位内部控制的建立健全和有效实施负责。

【例题1-41·多选题】下列各项中，属于企业、行政事业单位建立与实施内部控制应遵循的原则有(　　)。

A. 全面性原则　　B. 重要性原则　　C. 制衡性原则　　D. 成本效益原则

【答案】ABCD

【解析】除此之外还有适应性原则。

【例题1－42·判断题】所谓制衡性原则的核心，就是内部控制应当在治理结构、机构设置及权责分配、业务流程等方面形成相互制约、相互监督，同时兼顾运营效率的管理机制。(　　)

【答案】√

【例题1－43·判断题】对企业而言，监事会负责组织和领导企业内部日常控制的日常运行，以及对企业内部控制进行监督。(　　)

【答案】×

【解析】经理层负责组织领导内部控制的日常运行，监事会的任务是对内部控制进行监督。董事会、监事会以及内部控制专门机构各负其责，形成一个良性循环。董事会负责制定内部控制制度的建立，监事会负责监督，经理层负责具体内部控制的组织和领导，内部专门机构具体进行操作。

【例题1－44·单选题】对行政事业单位而言，对本单位内部控制的建立健全和有效实施负责的人是(　　)。

A. 总经理　　B. 党委书记　　C. 单位负责人　　D. 单位领导

【答案】C

(5)内部控制的内容。

【例题1－45·多选题】企业建立与实施有效的内部控制，应当包括下列内容(　　)。

A. 内部环境与风险评估　　B. 内部监督

C. 控制活动　　D. 信息与沟通

【答案】ABCD

(6)内部控制的控制方法。

对企业而言，控制措施一般包括：不相容职务分离控制、授权审批控制、会计系统控制、财产保护控制、预算控制、运营分析控制和绩效考评控制等。

行政事业单位内部控制的控制方法一般包括：不相容岗位相互分离、内部授权审批控制、归口管理、预算控制、财产保护控制、会计控制、单据控制、信息内部公开等。

【提示】无论企业单位还是行政事业单位在控制方法上都包括了“不相容职务(岗位)相互分离”。建议考生加以关注，请看以下有关内容，例如：

①记账人员与经济业务或会计事项的审批人员、经办人员、财物保管人员的职责权限应当明确，并相互分离、相互制约。不相容职务相互分离。(案例题)

②发现会计账簿记录与实物、款项及有关资料不符的，按照国家统一的会计制度规定，有权自行处理的，应当及时处理；无权处理的，应当立即向单位负责人报告，请求查明原因，做出处理。

【例题1－46·案例题】2014年3月，某公司为了加强管理，提高工作效率，经董事会研究形成一项决议：为了加强货款的回收，允许公司销售部门及其销售人员直接收取货款。要求从内部控制方法的角度，分析该公司的上述决议内容是否有不妥之处。

【答案】内部会计控制制度主要方法包括不相容职务相互分离。该公司为加快货款的回收，允许公司销售部门及其销售人员直接收取货款，违背了不相容职务相互分离的原则，因为销售与收款属于不相容岗位，应当分设。所以该公司允许销售部门和销售人员直接收取货款的做法是错误的。

【例题1－47·案例题】作为会计人员，你如果发现会计账簿记录与实物、款项及有关资料不符，你该怎样处理？

【答案】我如果发现会计账簿记录与实物、款项及有关资料不符的，按照国家统一的会计制度的规定，有权自行处理的，应当及时处理；无权处理的，应当立即向单位负责人报告，请求查明原因，做出处理。

（三）内部审计

1. 内部审计的概念与内容

内部审计是指单位内部的一种独立客观的监督和评价活动，它通过单位内部独立的审计机构和审计人员审查和评价本部门、本单位财务收支和其他经营活动以及内部控制的适当性、合法性和有效性来促进单位目标的实现。

内部审计的内容主要包括：财务审计、经营审计、经济责任审计、管理审计和风险管理等。

2. 内部审计的特点与作用

内部审计的数据机构和审计人员都设在本单位内部，审计的内容更侧重于经营过程是否有效、各项制度是否得到遵守与执行，审计结果的客观性和公正性较低，并且以建议性意见为主。

内部审计在单位内部会计监督制度中的重要作用有：①预防保护作用；②服务促进作用；③评价鉴证作用。

【例题1－48·多选题】内部审计是指单位内部的一种独立客观的监督和评价活动，内部审计的内容有（　　）。

A. 财务审计　　B. 经营审计

C. 经济责任审计　　D. 管理和风险审计

【答案】ABCD

【例题 1-49·判断题】内部审计的审计机构和审计人员都设在单位内部，往往审计结果的客观性和公正性较低，并且以建议性意见为主。(　　)

【答案】√

【例题 1-50·多选题】内部审计在单位内部会计监督制度中具有重要作用，具体表现在(　　)。

A. 预防保护作用　　B. 服务促进作用

C. 评价鉴证作用　　D. 确保会计信息质量作用

【答案】ABC

【解析】选项 D 是干扰项，不能选择。会计信息质量的保证应当是对会计工作的监督，一般由会计人员、会计主管人员和会计机构负责人行使监督责任。

二、会计工作的政府监督

(一)会计工作政府监督的概念

会计工作的政府监督主要指财政部门代表国家对单位和单位中相关人员的会计行为实施的监督检查，以及对发现的违法会计行为实施的处罚。会计工作的政府监督是一种外部监督。

【考点提示】

(1)国务院财政部门主管全国的会计工作，财政部门是会计工作政府监督实施主体。(单选题)

(2)除财政部门以外，审计、税务、人民银行、银行监管、证券监管、保险监管对单位会计工作的监督也属于政府监督。(多选题、判断题)

【例题 1-51·多选题】除财政部门依法对各单位的会计工作实施监督外，还可以依法对各单位会计工作进行监督的部门有(　　)。

A. 审计　　B. 人民银行　　C. 银行监管　　D. 税务部门

【答案】ABCD

【解析】除上述监督部门外，还有证券监管、保险监管等部门可以依据有关法律、法规规定的职责和权限，对有关单位的会计资料实施监督检查。

【例题 1-52·判断题】财政部门是我国对会计工作实施政府监督的唯一主体。(　　)

【答案】×

【解析】财政部门是我国会计工作政府监督的主体，但并不唯一。

(二)财政部门会计监督的主要内容

《会计法》规定，财政部门实施会计监督检查的内容主要包括：(多选题)

(1)对各单位依法设置会计账簿的检查。

(2)对单位的会计资料真实性、完整性的检查。

(3)对各单位的会计核算情况的检查。

(4)对各单位会计人员从业资格和任职资格的检查。

(5)对会计师事务所出具的审计报告的程序和内容的检查。

三、会计工作的社会监督

(一)概念

会计工作的社会监督主要是指由注册会计师及其所在的会计师事务所依法对委托单位的经济活动进行的审计、鉴证的一种外部监督。此外，单位和个人检举违反《会计法》和国家统一的会计准则制度规定的行为，也属于会计工作社会监督的范畴。

【例题1－53·判断题】单位和个人检举违反《会计法》和国家统一的会计制度规定的行为，属于会计工作的内部监督(　　)。

【答案】×

【解析】属于会计工作的社会监督。

(二)注册会计师审计与内部审计的关系

(1)注册会计师审计与内部审计的联系主要有：

①都是现代审计体系的重要组成部分。

②都关注内部控制的健全性和有效性。

③注册会计师审计可能涉及到对内部审计成果的利用等。

(2)注册会计师审计与内部审计之间的区别在于：

①审计的独立性不同。注册会计师的审计完全独立于被审计单位。

②审计的职责和作用不同。

③审计的方式不同。注册会计师侧重于宏观角度；内部审计侧重于微观角度。

④接受审计的自愿程度不同。

(3)根据《会计法》的规定，对委托人、注册会计师和会计师事务所的行为规范有：(多选题、判断题)

①委托单位应当如实地向注册会计师提供相关的会计资料。

②任何人不得干扰注册会计师独立开展审计业务。

③财政部门对会计师事务所出具的审计报告有监督的责任。

(三)注册会计师的业务范围(一般了解)

注册会计师执行业务，应当加入会计师事务所，注册会计师可以承办审计业务和会计咨询、会计服务业务。

【例题1－54·单选题】会计监督是会计的基本职能之一，单位和个人检举违反《会计法》和国家统一的会计制度的行为，属于会计工作的(　　)。

A. 内部监督　　B. 社会监督　　C. 政府监督　　D. 外部监督

【答案】B

【例题1－55·判断题】注册会计师资格一经取得，可以独立承办审计业务和会计咨询、会计服务业务。(　　)

【答案】×

【解析】注册会计师执行业务，首先应当加入会计师事务所。

【例题1－56·判断题】注册会计师承办会计业务，作为受托方与委托方签订委托合同，应当由会计师事务所统一受理，会计师事务所对本所注册会计师承办的业务承担民事责任。(　　)

【答案】√

第五节　会计机构与会计人员

会计机构是各单位办理会计事务的职能机构，会计人员是直接从事会计工作的人员。《会计法》对会计机构的设置和会计人员的配备做了具体的规定。

一、会计机构的设置

(一)办理会计事务的组织方式

各单位办理会计事务的组织方式有三种：

(1)单独设置会计机构。(如在单位内部组建或者设立“会计科”)

(2)不设置会计机构的，在有关机构中配备专职的会计人员。(规模小、业务少的单位配备专职会计人员)

(3)实行代理记账。(既不设置会计机构，也不设置会计人员的小企业适用)

(二)单位会计机构的设置

1. 代理记账的概念

代理记账是指从事代理记账业务的社会中介机构接受委托人的委托办理会计业务。委托人是指委托代理记账机构办理会计业务的单位。代理记账机构是指从事代理记账业务的中介机构。

2. 代理记账的业务范围(多选题)

(1)接受委托人的委托，进行会计核算。(包括审核原始凭证、填制记账凭证、登记账簿)

(2)编制和对外提供财务会计报告。(代理机构负责人和委托人签名并盖章后对外提供)

(3)向税务机构提供税务资料。

(4)委托人委托的其他会计业务。

【考点提示】

(1)根据业务需要设置会计机构。

一个单位是否设置会计机构，取决于以下几个方面的因素：(多选题)

①单位规模的大小；②经济业务和财务收支的繁简；③经营管理的要求。

(2)不设置会计机构的应设置会计人员并指定会计主管人员。

《会计基础工作规范》中，对会计人员配备、会计岗位设置的原则做了规定：会计工作岗位可以一人一岗、一人多岗或一岗多人。(判断题)

(3)不具备设置条件的，应委托代理记账业务的中介机构代理记账。该机构应是经批准而设立的专门从事代理记账业务的机构。

(4)出纳员不得兼任稽核、会计档案保管和收入、费用、债权债务账目的登记工作。

【例题1－57·案例题】因公司经理出差在外，财务部经理指定公司出纳张某代理会计李某所管的固定资产明细账及收入、支出、费用明细账的记账登记工作。

要求：指出上述事项中哪些行为不符合会计法律制度的规定，并说明理由。

【答案】根据相关规定，出纳人员不得负责有关收入、费用、债权、债务等账目的登记工作，所以财务部经理指定出纳张某代理会计李某工作的做法是不符合会计制度规定的。

3. 会计工作岗位设置

会计工作岗位是指单位会计机构内部根据业务分工而设置的从事会计工作、办理会计事项的具体职位。会计工作岗位一般分为：总会计师岗位、会计机构负责人(会计主管人员)岗位、出纳岗位、会计电算化岗位、会计档案管理岗位等……值得提示的是：内部审计、社会审计、政府审计以及档案部门管理会计档案均不属于会计岗位。

【说明】对于会计档案管理岗位，在会计档案正式移交之前，属于会计岗位，该岗位人员应当具有会计从业资格证书；会计档案正式移交给档案管理部门之后，档案管理部门的人员管理会计档案不属于会计岗位。(判断题)

4. 会计工作岗位设置的要求

(1)按需设岗。会计岗位可以一人一岗，可以一人多岗，也可以一岗多人。

(2)符合内部牵制制度的要求。如管钱的不管账，管账的不管钱。

(3)建立岗位责任制。

(4)建立轮岗制度。有计划地轮岗，可以使会计人员全面掌握会计业务，有利于会计操作水平的提高。

【例题1－58·判断题】某单位由于不具备设置会计机构的条件，因此聘请了一位具有中级职称的会计师为该单位办理会计业务，即我们所说的代理记账。(　　)

【答案】×

【解析】这是我们通常所说的“兼职会计”。

【例题1－59·多选题】一个单位是否设置会计机构，取决于以下几个方面的因素(　　)。

A. 单位规模的大小

B. 经济业务的繁简

C. 财务收支的繁简

D. 经营管理的要求

【答案】ABCD

【例题1－60·多选题】代理记账机构可以接受委托人的委托，办理下列会计业务(　　)。

A. 根据委托人提供的原始凭证和其他资料进行会计核算

B. 对外提供财务会计报告

C. 向税务机关提供税务资料

D. 委托人委托的其他会计业务

【答案】ABCD

【例题1－61·判断题】企业不设置会计机构而实行代理记账的，就是通过中介机构代理会计业务、填制会计凭证；登记会计账簿以及编制会计报表的工作也交由中介机构代理。(　　)

【答案】×

【解析】不具备设置条件的，应委托专门从事代理记账业务的中介机构代理记账。有代理记账资格的该机构应是经财政部门批准而设立的专门从事代理记账业务的机构。

【例题1－62·多选题】《会计基础工作规范》中，对会计人员配备、会计岗位设置的原则做了规定。下列关于会计工作岗位设置的表述正确的有(　　)。

A. 可以一人一岗

B. 可以一人多岗

C. 可以一岗多人

D. 会计人员可以自行选择岗位

【答案】ABC

【例题1－63·判断题】为了保证会计人员专业水平的高质量，会计人员的工作岗位一经确定，应当保持稳定，一般情况不得调整会计人员的工作岗位。(　　)

【答案】×

【解析】会计人员的工作岗位，应当有计划地轮岗，以提高会计人员全面掌握会计业务的水平。

【例题1－64·多选题】合理设置会计工作岗位对进行会计核算和实施会计监督具有重要意义，因此会计工作岗位的设置应当符合以下要求(　　)。

A. 按需设岗

B. 符合内部牵制制度

C. 建立岗位责任制

D. 建立轮岗制度

【答案】ABCD

【例题1－65·多选题】下列各项中，不属于会计岗位的有(　　)。

A. 门诊收费员　　B. 超市收银员

C. 内部审计　　D. 档案部门保管会计档案的工作

【答案】ABCD

(三)会计机构负责人的任职资格

《会计法》规定："担任单位会计机构负责人(会计主管人员)的，除取得会计从业资格证书外，还应具备会计师以上专业技术职务资格或者从事会计工作3年以上经历。(案例题)

【例题1－66·多选题】担任会计机构负责人或者会计主管人员的，应当具备的基本条件有(　　)。

A. 持有会计从业资格证书

B. 取得会计专业大专以上学历

C. 或者取得会计师以上专业技术资格

D. 或者从事会计工作3年以上

【答案】ACD

【解析】以上选项中，具备会计从业资格证书是先决条件，除此之外，或者具有会计师专业技术资格；或者从事会计工作3年以上。在此提示考生，选项C和选项D都加了"或者"两字，请理解含义。并非选项CD同时具备。

【例题1－67·单选题】根据《会计法》的规定，担任单位会计机构负责人或会计主管人员的，除取得会计从业资格证书外，还应具备(　　)专业技术职务资格或从事会计工作3年以上经历。

A. 会计专业学历　　B. 高级会计师

C. 会计师　　D. 助理会计师

【答案】C

【例题1－68·单选题】根据《会计法》的规定，应当对本单位会计资料的真实性、完整性负责的责任人是(　　)。

A. 会计机构负责人　　B. 单位负责人

C. 总会计师　　D. 会计主管人员

【答案】B

【例题1－69·多选题】2014年5月31日，某公司会计科科长退休，公司领导决定任命自参加工作以来一直从事文秘工作的办公室副主任黄某为会计科科长。为了适应工作需要，黄某参加了当年会计从业资格证书考试培训。根据描述，下列表述正确的有(　　)。

A. 从事文秘工作的办公室副主任黄某不具备担任会计科科长的资格

B. 从事文秘工作的办公室副主任黄某可以担任会计科科长

C. 从事会计工作必须取得会计从业资格证书

D. 担任单位会计机构负责人的，还应当具备会计师以上专业技术职务资格或者从事会计工作3年以上经历

【答案】ACD

【解析】担任单位会计机构负责人(会计主管人员)的，除取得会计从业资格证书外，还应当具备会计师以上专业技术职务资格或者从事会计工作3年以上经历。

二、会计工作交接

会计人员的工作交接是会计工作中的一项重要内容。做好会计交接工作，可以使会计工作前后衔接，保证会计工作连续进行。同时，做好会计交接工作，还可以防止因会计人员的更换出现账目不清、财务混乱等现象。

(一)交接的范围

会计人员工作调动、离职或因病暂时不能工作，应与接管人员办理交接手续。

(1)临时离职或因病不能工作、需要接替或代理的，会计机构负责人或单位负责人必须指定专人接替或者代理，并办理会计工作交接手续。

(2)因病或临时离职的会计人员恢复工作时，应与原接替人办理交接手续。

(3)移交人员因病或其他原因不能亲自办理移交手续的，经单位负责人批准，可由移交人委托他人代办交接，但移交人应对其移交的会计资料的真实性、完整性承担法律责任。

【例题1-70·案例题】会计人员李某因病休假两个星期，其会计工作需要他人代理。李某认为休假结束后仍从事会计工作，故未办理会计工作交接手续。请分析这种做法是否符合相关规定?

【答案】李某临时休假未办理会计工作交接手续的做法是错误的。根据相关规定：临时离职或因病不能工作，需要接替或代理的，会计机构负责人或单位负责人必须指定专人接替或者代理，并在会计机构负责人或会计主管人员的监督下办理会计工作交接手续。交接手续应一式三份。李某休假以后恢复会计工作时，还需要再办理会计工作交接手续。

(二)交接的程序(考点)

(1)专人负责监交，具体要求是：

①一般会计人员离职时办理交接手续，由会计机构负责人负责监交。

②会计机构负责人、会计主管人员离职时办理交接手续，一般情况应当由单位负责人监交，必要时，主管单位可派人会同监交。

(2)交接后的有关事宜：

①接管人员应继续使用移交前的账簿，不得擅自另立账簿，以保证会计记录前后衔接，内容完整。

②移交清册应一式三份，交接双方各执一份，存档一份。(单选题)

(3)交接人员的责任。

交接工作完成后，移交人员应对其在职期间经办的会计工作和会计资料的真实性、完整性负责，即使接替人员在交接时有未发现的问题，事后发现仍应由原移交人员负责，原移交人员不应以会计资料已交接而推卸责任。

(4)移交点收的具体要求：

有价证券的面额与发行价不一致时，按照会计账簿余额交接。

银行存款账户余额与银行对账单的核对相符属于账实相符。

【例题1－71·多选题】一般会计人员办理会计交接手续可以负责监交的人是(　　)。

A. 会计机构负责人　　B. 会计主管人员

C. 单位负责人　　D. 本单位会计人员

【答案】AB

【解析】本题考核会计人员的工作交接。根据规定，一般会计人员办理交接手续，由单位的会计机构负责人或会计主管人员负责监交。值得提示的是，设置会计机构的由会计机构负责人负责监交，不设置会计机构的小规模单位，由会计主管人员负责监交。

【例题1－72·单选题】某单位会计机构负责人张某因工作调动，需要办理会计工作交接，一般情况下负责监交的人是(　　)。

A. 单位领导　　B. 主管单位派人会同监交

C. 具有法律责任的单位负责人　　D. 总会计师

【答案】C

【解析】本题考核会计人员的工作交接。在正常情况下，会计机构负责人(会计主管人员)办理交接手续时，由单位负责人负责监交。

【例题1－73·多选题】为了明确责任，会计机构负责人(会计主管人员)办理会计工作交接应当由单位负责人监交，下列(　　)情形，主管单位可以派人会同监交。

A. 因单位撤销或者合并，单位负责人无权监交时

B. 单位负责人袒护不合格的会计机构负责人，拖延交接时间时

C. 单位负责人有刁难会计机构负责人迹象，不宜单独监交时

D. 主管单位发现某些问题，需要派人监交时

【答案】ABCD

【解析】有三种情况才由主管单位派人“会同监交”：第一，单位负责人不能监交，需要由主管单位派人代表主管单位监交(如因单位撤并而办理交接手续)；第二，所属单位负责人不能尽快监交，需要由主管单位派人督促监交(如主管单位责成所属单位撤换不合格的会计机构负责人(会计主管人员)；第三，不宜由所属单位负责人单独监交，需要主管单位会同监交。

【例题1－74·多选题】下列关于会计工作交接的表述，正确的有(　　)。

A. 对于已经受理的经济业务应当处理完毕，尚未登记账簿的应当登记完毕

B. 出纳员交接日记账，库存现金要根据账簿记录余额进行当面点交，不得白条抵库

C. 公章、收据、空白支票、发票以及其他物品等要交接清楚

D. 应编制移交清册，交接完毕后，交接双方和监交人要在移交清册上签名或盖章

【答案】ABCD

【解析】本题是对会计人员工作交接程序的考核。

【例题1－75·判断题】会计人员的移交工作应当编制移交清册，移交清册应一式两份并由移交双方签字，交接双方各执一份以备存查。(　　)

【答案】×

【解析】移交清册应当一式三份，交接双方各执一份，存档一份。

【例题1－76·案例题】某单位会计人员张某因突发事件不得已终止了会计工作，因客观原因不能亲自办理会计工作的交接手续，经与另一会计人员黄某协商由黄某代为办理交接手续，在交接过程中有一笔已经开出银行汇票、但尚未收到对方开具的发票和所购货物的经济业务，张某做的账务处理是，借记：在途物资，贷记：应付票据。事后该笔购入业务的发票迟迟没有收回，代理交接的黄某向张某询问该笔业务所签订合同的具体情况，张某对此表示，交接工作已经完成，交接手续也不是我本人签字，认为该项业务已与自己无关，对黄某的询问不予配合，请根据提问回答下列问题。

(1)会计人员张某的观点是否正确(　　)？

A．正确　　B. 不正确

【答案】B

(2)如果签发的商业汇票没有法律问题，该汇票签发的最长时间不能超过(　　)月。

A. 1个月　　B. 2个月　　C. 6个月　　D. 1年

【答案】C

(3)对交接前会计处理工作的正确与否承担责任的人是(　　)。

A. 张某　　B. 黄某　　C. 监交人员　　D. 单位负责人

【答案】A

(4)原会计人员张某所做的账务处理是否正确？你认为应该贷记的会计科目是(　　)。

A. 银行存款　　B. 其他货币资金　　C. 应付票据　　D. 其他应付款

【答案】B

【例题1－77·判断题】原会计人员黄某在接手会计工作后因业务能力欠佳换岗做了出纳工作，新应聘的会计程某对黄某登记的会计账簿不满意，在办理了会计工作交接手续后，程会计用新立账簿登记交接后的会计业务，展示了会计的专业水平，并受到领导的表扬。(　　)

【答案】×

【解析】尽管程会计的业务水平很好，但是不应另立会计账簿。正确的做法是接管人员应继续使用移交前的账簿，不得擅自另立账簿，以保证会计记录前后衔接，内容完整。

三、会计从业资格

(一)会计从业资格的概念

(1)会计从业资格是指进入会计行业、从事会计工作的一种法定资质，是进入会计职业的门槛。

(2)会计从业资格证书是具备会计从业资格的证明文件，在全国范围内有效。

【考点提示】

(1)从事会计工作必须持证上岗，考取会计证是进入会计职业从事会计工作的"门槛"。

(2)从事下列会计工作的人员应当取得会计从业资格证书，且属于会计岗位：

会计机构负责人(会计主管人员)，出纳，稽核，资本，基金核算，收入支出，债权债务核算，职工薪酬核算，成本核算，财务成果核算，财产物资的收发、增减核算，总账会计，财务会计报告编制，会计机构内部会计档案管理等。

【例题1－78·单选题】进入会计行业、从事会计工作必须具备的任职资格是(　　)。

A. 具有会计中专以上学历　　B. 持有会计从业资格证书

C. 具有会计专业初级技术资格　　D. 从事会计工作3年以上经历

【答案】B

(二)会计从业资格证书的适用范围

取得会计从业资格证书后，在全国范围内有效。包括香港特别行政区、澳门特别行政区和台湾地区，凡是从事会计工作的人员必须持有会计从业资格证书。

【例题1－79·判断题】会计从业资格证书是具备会计从业资格的证明文件，会计从业资格证书一经取得，在我国大陆、特别行政区以及台湾地区均有效。(　　)

【答案】√

(三)会计从业资格证书的取得

会计从业资格的取得实行考试制度。考试科目为：财经法规与会计职业道德、会计基础、初级会计电算化(或珠算五级)。会计从业资格考试科目应当一次通过。

(四)会计从业资格证书的管理

1. 会计从业资格的管理机构

【例题1-80·单选题】国务院财政部主管全国的会计工作，各行政区域内会计从业资格管理由(　　)负责。

A. 乡级财政部门　　B. 县级财政部门

C. 市级财政部门　　D. 省级财政部门

【答案】B

【例题1-81·多选题】下列各主管部门可以按照各自权限负责本部门会计从业资格管理的有(　　)。

A. 中国人民解放军总后勤部　　B. 中国人民武装警察部队总后勤部

C. 新疆生产建设兵团财务局　　D. 国家机关事务管理局

【答案】ABCD

2. 信息化管理制度

会计从业资格实行信息化管理。会计从业资格管理机构应当建立持证人员从业档案信息系统，及时记载、更新持证人员的有关信息。例如从考试报名、到参加考试、成绩的取得以及每年的继续教育都是通过财政局官方网站录入信息、保存信息以供查询的。

3. 监督检查制度

会计从业资格管理机构应当对会计从业资格证书的持有、换发、调转、变更登记等情况及持证人员继续教育、遵守会计法律和职业道德情况实施监督检查。

【例题1-82·多选题】会计从业资格管理机构应当对会计从业资格证书持证人员的继续教育、遵守会计法律和职业道德等情况实施监督检查，还应当对下列(　　)情况进行具体管理。

A. 证书的持有　　B. 换发　　C. 调转　　D. 变更登记

【答案】ABCD

【例题1-83·单选题】考取会计从业资格证书后，应当自从事会计工作之日起(　　)内填写注册登记表，并持会计从业资格证书和所在单位出具的从事会计工作的证明向单位所在地或所属部门的会计从业资格管理机构办理注册登记。

A. 30日　　B. 60日　　C. 90日　　D. 3个月

【答案】C

【解析】上岗注册登记的时限是从事会计工作之日起90天，办理离岗备案的时限是离开会计工作6个月向原注册登记管理机构备案。

4. 持证人员继续教育制度

【例题1-84·多选题】持证人员应当接受继续教育，继续教育的内容有（　　）。

A. 会计理论与实务　　B. 财务、会计法规制度

C. 会计职业道德规范　　D. 其他相关的知识与法规

【答案】ABCD

【提示】其他相关的知识与法规包括：形势教育、品德教育、法制教育。

【例题1-85·判断题】持证人员继续教育的形式有：接受培训和自学两种，持证人员参加继续教育采取学分制管理制度，并将继续教育情况记入从业档案。（　　）

【答案】√

【例题1-86·多选题】会计从业资格管理机构对有下列情况之一的，可以撤销其持证人员的会计从业资格（　　）。

A. 会计从业管理机构管理人员滥用职权、玩忽职守发出的会计从业资格证书

B. 会计从业管理机构管理人员超越职权或者违反规定发出的会计从业资格证书

C. 持证人员是以欺骗、贿赂、舞弊等不正当手段取得会计从业资格证书的

D. 取得会计从业资格证书后，从事会计工作中严重违反会计法律法规，给单位和国家造成损失的

【答案】ABC

【解析】选项D情况的出现不属于撤销会计从业资格的情况，应当吊销会计从业资格证书。

【例题1-87·判断题】会计从业资格证书实行5年定期换证制度，持证人员应当在会计从业资格证书到期前6个月内，到所属会计从业资格管理机构办理换证手续。（　　）

【答案】×

【解析】会计从业资格证书实行6年定期换证制度，这和司机的换证年限一致。

四、会计专业技术资格与职务

【例题1-88·多选题】会计专业技术资格可以通过考试取得，也可以通过考试和评审取得，下列技术资格可以通过考试取得的有（　　）。

A. 高级资格　　B. 中级资格　　C. 初级资格　　D. 会计从业资格

【答案】BC

【解析】高级资格通过考试和评审取得，会计从业资格虽然通过考试取得但不属于技术资格。

【例题1－89·多选题】下列各项中，属于会计专业职务的有（　　）。

A. 总会计师　　B. 高级会计师　　C. 中级会计师　　D. 助理会计师

【答案】BCD

【解析】选项A总会计师是行政职务不是会计专业职务。

第六节　法律责任

一、法律责任概述

法律责任，是指违反法律规定的行为应当承担的法律后果，也就是对违法者的制裁。《会计法》规定的法律责任主要有行政责任和刑事责任。

行政责任	行政处罚	罚款、责令限期改正、吊销会计从业资格证书	行政部门对外处分
	行政处分	警告、记过、记大过、降级、降职、开除	行政部门内部处分
刑事责任	主　刑	管制、拘役、有期徒刑、无期徒刑和死刑	主刑只能判处1种，可以并处附加刑
	附加刑	罚金、剥夺政治权利、没收财产、驱逐出境（外）	

【提示】罚款与罚金有本质的区别，请注意仔细审题，前者是行政责任，后者是刑事责任。

【例题1－90·判断题】附加刑"驱逐出境"仅限于外国人犯罪。（　　）

【答案】√

【例题1－91·判断题】会计人员违反国家《会计法》、会计行政法规等构成犯罪的，可以对其罚款、责令限期改正，直至吊销会计从业资格证书。（　　）

【答案】×

【解析】受到罚款、责令限期改正、吊销会计从业资格证书处罚的是一般违法行为，尚不构成犯罪，如果违反了《会计法》、会计行政法规等构成犯罪的，依法承担刑事责任，并非行政处罚。

【例题1－92·多选题】国家公职人员，有违法行为但不构成犯罪的，应当给予的处分有（　　）。

A. 罚款　　B. 警告　　C. 降职降级　　D. 开除

【答案】BCD

【解析】罚款是行政处罚，不是行政处分。国家工作人员犯错误不构成犯罪的，由所在单位给予内部处分，包括警告、记过、记大过、降职、降级、开除6种。构成犯罪的依法承担法律责任。

【例题1－93·判断题】会计人员有不依法设置会计账簿的行为，情节严重的，由所在辖区人民政府的财政部门吊销其会计从业资格证书。(　　)

【答案】×

【解析】由县级以上人民政府财政部门吊销其会计从业资格证书。

【例题1－94·多选题】违反《会计法》等相关规定的违法行为有(　　)。

A. 不依法设置会计账簿的行为　　B. 私设会计账簿的行为

C. 伪造、变造会计凭证的行为　　D. 隐匿或销毁会计资料的行为

【答案】ABCD

【例题1－95·多选题】对违反会计法律法规的行为，应给予下列(　　)处分。

A. 责令限期改正　　B. 罚款

C. 给予行政处分　　D. 吊销会计从业资格证书

【答案】ABCD

【解析】如果构成犯罪的，还应依法追究刑事责任。

【例题1－96·多选题】纳税人采取伪造、变造手段，少列收入、多列支出致使少缴或不缴应纳税款，偷税数额在10%以上不满30%，且偷税数额在1万元以上不满10万元的，承担的法律责任有(　　)。

A. 处3年以下有期徒刑　　B. 或者拘役

C. 处5年以下有期徒刑　　D. 拘役

【答案】AB

【解析】或者处3年以下有期徒刑，或者拘役。拘役和有期徒刑都是主刑，只能判处一种。

【例题1－97·多选题】根据《会计法》的规定，不依法设置会计账簿等违法行为，应承担以下法律责任(　　)。

A. 由县级以上人民政府的财政部门责令限期改正

B. 可以对单位并处3 000元以上50 000元以下的罚款

C. 对直接负责的主管人员和其他责任人员，可以处2 000元以上20 000元以下的罚款

D. 构成犯罪的，依法追究刑事责任

【答案】ABCD

【解析】根据《会计法》的规定，不依法设置会计账簿等违法行为应承担以下法律责任：

责令限期改正；罚款；给予行政处分；吊销会计从业资格证书；构成犯罪的依法追究刑事责任。

【例题1－98·多选题】单位负责人打击、报复会计人员不构成犯罪的，由其所在单位或者有关单位依法给予行政处分。对遭受打击、报复的会计人员采取的补救措施有(　　)。

A. 恢复其名誉

B. 恢复原有职位

C. 恢复原有级别

D. 补偿受打击报复时遭受的经济损失

【答案】ABC

【例题1－99·判断题】只要有隐匿、故意销毁依法应当保存的会计凭证、会计账簿、财务会计报告的行为，均应依法追究刑事责任。(　　)

【答案】×

【解析】以上违法行为不构成犯罪的，可以处5 000元以上50 000元以下的罚款，属于国家工作人员的，由所在单位或者有关单位依法给予降级、撤职、开除的行政处分。构成犯罪的依法追究刑事责任。

课后总复习题库

一、单选题

1. 下列各项中，作为制定会计行政法规依据的是(　　)。

A.《中华人民共和国会计法》　　B.《中华人民共和国总会计师条例》

C.《企业财务会计报告条例》　　D.《会计基础工作规范》

【答案】A

2. 根据《会计基础工作规范》的规定，会计机构负责人办理会计工作交接手续时，负责监交的人员应是(　　)。

A. 上级主管部门　　B. 会计主管人员

C. 单位负责人　　D. 单位负责人指定的人

【答案】C

3. 我国会计法律制度规定，从事会计工作的人员必须具备的任职资格是(　　)。

A. 具有会计中等专业以上学历　　B. 具有初级技术资格

C. 具有会计从业资格证书　　D. 具有会计员职务

【答案】C

4. 根据《会计法》的规定，担任单位会计机构负责人的，除持有会计从业资格证书外，还应当具备会计师以上专业技术职务资格或者从事会计工作的时间不少于(　　)年。

A. 1　　B. 2　　C. 3　　D. 5

【答案】C

5. 根据《会计法》的规定，国务院(　　)主管全国的会计工作。

A. 财政部门　　B. 监察部门　　C. 审计部门　　D. 金融部门

【答案】A

6. 根据《会计基础工作规范》的规定，国家机关、国有企业、事业等单位对会计人员的聘用实行回避制度，单位负责人的直系亲属不得在本单位会计机构中任(　　)。

A. 一般会计人员　　B. 出纳人员

C. 会计机构负责人　　D. 会计档案保管的工作

【答案】C

7. 某单位不设置会计机构和会计人员，实行代理记账，有代理记账资格的人是指(　　)。

A. 具有会计技术职称的会计人员

B. 经批准设立的中介机构

C. 经批准设立的专门从事代理记账业务的中介机构

D. 注册会计师

【答案】C

8. 财务会计报告不包括下列(　　)内容。

A. 会计报表　　B. 会计报表附注

C. 财务情况说明书　　D. 注册会计师的审计报告

【答案】D

9. 外来原始凭证金额有错误的，按规定只能按下列(　　)要求进行操作。

A. 由开具单位在凭证上更正并盖章

B. 由接收凭证单位在凭证上更正并盖章

C. 由双方在凭证上共同盖章后使用

D. 由出具单位重新开具

【答案】D

10. 我国《会计法》规定，我国会计年度采用(　　)。

A. 农历1月1日起至12月31日止

B. 公历1月1日起至12月31日止

C. 公历7月1日起至次年6月30日止

D. 公历1月1日起至12月30日止

【答案】B

11. 《会计法》规定，对本单位的会计工作和会计资料的真实性、完整性承担第一责任的人是(　　)。

A. 会计机构负责人　　B. 代表单位行使职权的单位负责人

C. 单位领导　　D. 会计主管人员

【答案】B

12. 既不高估企业资产和收益，也不低估企业费用和负债，贯彻的是(　　)原则。

A. 可靠性原则　　B. 谨慎性原则

C. 实质重于形式原则　　D. 可比性原则

【答案】B

13. 单位内部会计监督的对象是(　　)。

A. 本单位的经济活动

B. 单位内部法律执行情况

C. 本单位的全部活动

D. 本单位会计机构、会计人员以及单位负责人的纳税情况

【答案】A

14. 单位内部会计监督的主体是(　　)。

A. 单位负责人　　B. 单位审计部门

C. 本单位会计机构和会计人员　　D. 单位纪检部门

【答案】C

15. 下列各项中，属于我国会计行政法规的是(　　)。

A.《会计法》　　B.《总会计师条例》

C.《企业会计准则》　　D.《会计基础工作规范》

【答案】B

16. 在会计信息质量的要求中，要求做到："内容真实、数字准确、资料可靠"，这是下列(　　)的要求。

A. 明晰性原则　　B. 重要性原则　　C. 可靠性原则　　D. 谨慎性原则

【答案】C

17. 银行存款日记账余额与银行转来的对账单余额核对相符，属于对账工作的(　　)。

A. 账证相符　　B. 账账相符　　C. 账实相符　　D. 账表相符

【答案】C

18. 下列各项中，不属于会计岗位的是(　　)。

A. 稽核岗位　　B. 超市的收银员

C. 会计机构档案管理员　　D. 工资核算员

【答案】B

19. 下列各项中，表述不正确的是(　　)。

A. 会计工作交接后，接管人员应继续使用移交前的账簿，不得另立账簿

B. 移交清册应一式三份，双方各持一份，存档一份

C. 移交工作完成后，如有遗留问题接替人员应当对移交前的会计事项负有法律责任

D. 出纳人员办理交接手续时，由会计机构负责人(会计主管人员)负责监交

【答案】C

20. 下列各项中，按规定应保管15年的会计档案有(　　)。

A. 原始凭证　　B. 月度季度会计报表

C. 年度会计报表　　D. 现金和银行存款日记账

【答案】A

21. 反映企业现金和现金等价物的流入与流出情况的会计报表是指(　　)。

A. 资产负债表　　B. 科目汇总表　　C. 利润表　　D. 现金流量表

【答案】D

22. 各单位会计账簿记录与会计报表有关内容核对相符，被称之为(　　)。

A. 账实相符　　B. 账证相符　　C. 账账相符　　D. 账表相符

【答案】D

23. 下列各项中，不属于会计档案的是(　　)。

A. 企业年度财务收支计划　　B. 银行存款余额调节表

C. 发票存根　　D. 辅助账簿

【答案】A

24. 某公司会计人员黄某在单位负责人的授意下采用涂改手段，将600元的个人购物发票改为单位购买办公用品的发票，这种行为属于(　　)。

A. 伪造原始凭证　　B. 变造记账凭证

C. 伪造记账凭证　　D. 变造原始凭证

【答案】D

25. 根据相关规定，下列各项中，不属于会计专业职务的是(　　)。

A. 高级会计师　　B. 总会计师

C. 会计师　　D. 助理会计师和会计员

【答案】B

26. 伪造、变造会计凭证、会计账簿，编制虚假财务会计报告但情节较轻不构成犯罪的，可以经县级以上财政部门予以通报并对该单位处以(　　)的罚款。

A. 2 000元以上20 000元以下　　B. 3 000元以上30 000元以下

C. 5 000元以上100 000元以下　　D. 5 000元以上50 000元以下

【答案】C

27. 下列各项中，不属于会计岗位的是(　　)。

A. 工资核算员　　B. 内部审计人员

C. 财务部门会计档案保管　　D. 会计主管人员

【答案】B

28.《中华人民共和国会计法》是我国调整会计关系的法律，是由(　　)制定并颁布的。

A. 全国人民代表大会　　B. 全国人民代表大会常务委员会

C. 国务院　　D. 财政部

【答案】A

29. 下列关于会计档案的表述，不符合《会计档案管理办法》规定的有(　　)。

A. 会计档案经本单位会计机构负责人批准后可以对外借出

B. 单位会计档案的销毁须经单位负责人批准并在销毁清册上签字后方可销毁

C. 保管期满但尚未结清的债权债务的原始凭证不得销毁

D. 保管期满正在项目建设期间的建设单位的会计档案不得销毁

【答案】A

30. 每年会计期末，单位负责人、会计机构负责人和会计主管人员应当在财务报告上(　　)。

A. 签名　　B. 盖章　　C. 签名并盖章　　D. 前边选项都对

【答案】C

二、多选题

1. 下列各项中，属于国家统一的会计制度的有(　　)。

A.《企业会计准则——基本准则》　　B.《企业财务会计报告条例》

C.《企业会计制度》　　D.《会计基础工作规范》

【答案】ACD

2. 为了实施内部控制，出纳员不得兼任的工作包括(　　)。

A. 管理费用账目的登记工作　　B. 银行存款日记账的登记工作

C. 应收账款明细账的登记工作　　D. 会计档案保管

【答案】ACD

3. 我国三位一体的会计监督体系包括(　　)。

A. 单位内部监督　　B. 以注册会计师为主体的社会监督

C. 以审计部门为主体的政府监督　　D. 以财政部门为主体的政府监督

【答案】ABD

4. 根据有关规定，企业财务会计报告由下列(　　)内容组成。

A. 会计报表　　B. 会计报表附注

C. 财务情况说明书　　D. 财务决算报告

【答案】ABC

5. 下列各项中，属于违反《会计法》的违法行为有(　　)。

A. 私设账外账的行为

B. 随意变更会计核算方法的行为

C. 向不同的会计资料使用者提供编制依据不一致的财务会计报告的行为

D. 由于计算错误导致少纳税款的行为

【答案】ABC

6. 违反会计制度规定的行为应承担(　　)的法律责任。

A. 责令限期改正　　B. 罚金

C. 给予行政处分　　D. 吊销会计从业资格证书

【答案】ACD

7. 单位负责人打击报复会计人员、构成犯罪的，可能承担的法律责任有(　　)。

A. 3 年以上有期徒刑　　B. 3 年以下有期徒刑

C. 拘役　　D. 管制

【答案】BC

8. 对遭受打击报复的会计人员，可采取的补救措施有(　　)。

A. 赔礼道歉　　B. 恢复名誉

C. 恢复原有职位　　D. 恢复原有级别

【答案】BCD

9. 对于会计记录的文字，下列表述正确的有(　　)。

A. 在我国境内的国家机关、社会团体、企事业单位会计记录应当使用中文

B. 民族自治地区，在使用中文的前提下可以同时使用自治地区通用的一种民族文字

C. 我国境内的外国组织在使用中文的前提下可以同时使用一种外国文字

D. 民族自治地区和在我国境内的外国经济组织可以选择使用中文或其他通用文字

【答案】ABC

10. 会计报表是财务报告的主要组成部分，会计基本报表主要包括(　　)。

A. 资产负债表　　B. 利润表　　C. 现金流量表　　D. 所有者权益变动表

【答案】ABCD

三、判断题

1. 代理记账，是指不设置会计机构的企业，委托经批准设立的专门从事代理记账业务的中介机构处理会计业务。(　　)

【答案】√

2. 会计工作移交之后，接替会计工作的人员应当继续使用移交前的会计账簿，以保证会计工作前后衔接。(　　)

【答案】√

3. 单位和个人检举违反《会计法》和国家统一的会计制度的行为，属于会计工作的内部监督。(　　)

【答案】×

【解析】属于社会监督。

4. 《会计法》是我国会计法律制度中层次最高的法律规范，是制定会计行政法规和国家统一的会计制度的法律依据。(　　)

【答案】√

5. 伪造会计凭证、会计账簿及其他会计资料，是指采用涂改、挖补的手段来改变会计凭证、会计账簿的真实内容，歪曲事实真相的行为。(　　)

【答案】×

【解析】“涂改”是变造会计凭证的行为，即篡改事实。

6. 原始凭证出现任何错误，均由原始凭证开具单位进行更正，并加盖出具单位印章后方可使用。(　　)

【答案】×

【解析】原始凭证出现金额错误、付款单位名称有误均应当重新开具。

7. 由于不同的会计资料使用者对财务会计报告的关注度不同，所以企业可以采用不同依据编制财务会计报告，以满足不同会计资料使用者的不同要求。(　　)。

【答案】×

【解析】因为会计数据只有一份，对外报出的会计报表不能因人而异，以不同的编制依据编制会计报表是严重的违法行为。

8. 内部会计监督制度要求记账人员与经济业务或会计事项的审批人员、经办人员、财物保管人员的职责权限应当明确，并相互分离、相互制约。(　　)

【答案】√

9. 原始凭证金额有错误的，应将票据“作废”后，由出具单位重新开具。(　　)

【答案】√

10. 会计工作交接时，移交人员因病或其他原因不能亲自办理交接手续的，经单位负责人批准可以委托他人代办交接，只要办理了交接手续、移交人员对已发生并处理的会计事项不在承担法律责任。(　　)

【答案】×

【解析】即使移交人员离职，对经手的经济业务也有不可推卸的责任。

四、简答题

简述单位内部会计监督制度的基本要求。

【答案】根据《会计法》的规定，单位内部会计监督制度应当符合以下要求：

(1)记账人员与交接业务或会计事项的审批人员、经办人员、财物保管人员的职责权限应当明确，并相互分离、相互制约。(即不相容岗位应相互分离)

(2)重大对外投资、资产处置等经济业务应当明确其决策和执行程序，并体现相互监督、相互制约的要求。

(3)财产清查的范围、期限和组织程序应当明确。

(4)对会计资料定期进行内部审计的办法和程序应当明确。

第二章　支付结算法律制度

◉基本要求与考点提示

1. 了解支付结算的相关概念及其法律构成
2. 了解银行结算账户的开立、变更和撤销
3. 熟悉票据的相关概念
4. 熟悉各银行结算账户的概念、使用范围和开户要求
5. 掌握现金管理的基本要求和现金的内部控制
6. 掌握票据和结算凭证填写的基本要求
7. 掌握支票、商业汇票、银行卡、汇兑结算方式的规定，并能综合分析具体案例

第一节　现金结算

现金结算是指在商品交易、劳务供应等经济往来中，直接使用现金进行应收应付款结算的一种行为。在我国主要适用于单位与个人之间的款项收付，以及单位之间转账结算起点金额以下的零星小额收付。

【例题 2－1 · 多选题】在我国，现金结算主要适用于单位与个人之间的款项收付，现金结算具有以下特点(　　)。

A. 直接便利　　　　B. 安全性

C. 不易宏观控制和管理　　　　D. 费用较高

【答案】ACD

【解析】选项 B 表述错误，使用现金结算一般为钱货两清的交易，如果金额较大，现金的不安全性是显而易见的。因此单位与单位之间的结算金额超过结算起点的应使用转账方式。

【例题 2－2 · 多选题】付款人可以通过以下渠道将现金支付给收款人(　　)。

A. 付款人直接将款项支付给收款人

B. 委托银行机构将款项支付给收款人

C. 委托非银行金融机构将款项支付给收款人

D. 委托非金融机构将现金支付给收款人

【答案】ABCD

【例题2-3·多选题】开户单位的下列支出中，可以采用现金支付的有(　　)。

A. 向职工个人支付的工资、奖金和津贴

B. 向个人收购的农副产品的价款

C. 企业采购辅助材料款1 500元

D. 业务员随身携带的差旅费5 000元

【答案】ABD

【解析】企业与企业之间的结算超过结算起点的应当采用转账方式，按规定结算起点为1 000元人民币。

【例题2-4·判断题】支付给个人的各种合理支出可以使用现金支付且没有金额限制。(　　)

【答案】×

【解析】开户单位支付给个人的款项，超过使用现金限额的部分应当以支票或者银行本票支付；确需全额支付现金的，经开户银行审核后予以支付现金。

【考点提示】现金使用的限额有严格的规定：

(1)单位的现金限额由开户银行核定，一般按照单位3~5天的日常零星开支所需要的库存现金需要量核定。

(2)特殊情况下，如在边远地区、交通不便地区的开户单位，库存现金限额可多于5天、但最多不超过15天的日常开支所需的库存现金需要量。

【例题2-5·单选题】开户单位地处边远地区和交通不便的，库存现金限额可按多于5天、但最高不得超过(　　)的日常零星开支的需要确定。

A. 10天　　B. 15天　　C. 30天　　D. 1个月

【答案】B

【例题2-6·判断题】对于现金使用的限额，商业和服务业的找零备用现金也要根据营业额核定定额，且包括在开户单位的库存现金限额之内。(　　)

【答案】×

【解析】商业和服务业的找零备用现金也要根据营业额核定定额，但不包括在开户单位的库存现金限额之内。

第二节 支付结算

一、支付结算的概念与特征

(一)支付结算的概念

支付结算是指单位、个人在社会经济活动中使用票据、信用卡和汇兑、托收承付、委托收款等结算方式进行货币给付及其资金清算的行为。

(二)支付结算的特征

(1)支付结算必须通过中国人民银行批准的金融机构进行。

(2)支付结算是一种要式行为。所谓要式行为是指法律规定必须依照一定形式进行的行为。

(3)支付结算的发生取决于委托人的意志。

(4)支付结算实行统一管理和分级管理相结合的管理体制。

(5)支付结算必须依法进行。

二、支付结算的主要法律依据

支付结算方面的法律、法规和制度主要包括:《票据法》《票据管理实施办法》《支付结算办法》《现金管理暂行条例》《银行卡业务管理办法》《人民币银行结算账户管理办法》《异地托收承付结算办法》《电子支付指引(第一号)》等。

【例题2-7·单选题】下列有关支付结算的法律法规中,法律层次最高的是( )。

A.《票据法》 B.《票据管理实施办法》

C.《支付结算办法》 D.《现金管理暂行条例》

【答案】A

【例题2-8·单选题】下列有关支付结算的法律法规中,属于国务院制定的行政法规的是( )。

A.《票据管理实施办法》 B.《票据法》

C.《支付结算办法》 D.《现金管理暂行条例》

【答案】D

【例题2-9·单选题】下列各项中,在支付结算和资金清算中起中介作用的是( )。

A.开户单位 B.银行 C.个人 D.城市信用合作社

【答案】B

【解析】银行、单位和个人是办理支付结算的主体,银行在支付结算和资金清算中是中介机构。

三、支付结算的基本原则

支付结算的原则是指单位、个人和银行在进行支付结算活动时必须遵循的行为准则。支付结算应遵循以下原则：

(1)恪守信用，履约付款原则。

(2)谁的钱进谁的账，谁的钱由谁支配原则。

(3)银行不垫款原则。

【例题2－10·多选题】支付结算的原则是指单位、个人和银行在进行支付结算活动时必须遵循的行为准则，下列各项中，属于支付结算基本原则的有(　　)。

A. 恪守信用，履约付款　　B. 谁的钱进谁的账

C. 谁的钱由谁支配　　D. 银行不垫款

【答案】ABCD

四、办理支付结算的要求

(一)办理支付结算的基本要求

(1)办理支付结算必须使用中国人民银行规定的票据和结算凭证，未使用中国人民银行统一规定的票据，票据无效；未使用中国人民银行统一规定的结算凭证，银行不予受理。

(2)办理支付结算必须按统一的规定开立和使用账户。

(3)填写票据和结算凭证应当全面、规范，做到数字正确，要素齐全，不错不漏，字迹清楚，防止涂改。票据和结算凭证金额以中文大写和阿拉伯数字同时记载，二者必须一致，否则，银行不予受理。

(4)票据和结算凭证上的签章和记载事项必须真实，不得变造、伪造。

(二)支付结算凭证填写的要求(考点)

(1)票据的出票日期必须使用中文大写。

①应当加写“零”的月份：1月、2月、10月。应当写成：零壹月、零贰月、零壹拾月。

②应当加写“零”的日期：1日、2日……9日以及10日、20日、30日。应当写成：零壹日以及零贰日……零玖日以及零壹拾日以及零贰拾日、零叁拾日。

③日期11日—19日，应当写成：壹拾壹日、壹拾贰日、壹拾叁日…… 壹拾玖日。

④出票日期使用小写的，银行不予受理。

⑤出票日期大写不规范的，银行可以受理；但由此造成损失的，由出票人自行承担。

(2)票据中的中文大写金额数字应当用正楷或行书填写，不得自造简化字。如果金额

数字书写中使用繁体字，也应当受理。

(3)中文大写金额数字到“元”为止的，在“元”之后应当写“整”(或“正”)字，到“角”为止的，在“角”之后可以不写“整”(或“正”)字。大写金额数字有“分”的，“分”后面不写“整”(或“正”)字。

【提示】在“元”之后必须写“整”(或“正”)字，在“分”后绝对不写“整”(或“正”)字，在“角”之后的“整”字写与不写都可以。

(4)票据和结算凭证的金额、出票或者签发日期、收款人名称不得更改，更改的票据无效；更改的结算凭证，银行不予受理。

【例题2-11·单选题】办理支付结算必须使用的票据和结算凭证，是(　　)统一规定的票据和结算凭证，这是一种要是行为。

A. 中国银行　　B. 中国人民银行

C. 中国工商银行　　D. 中国建设银行

【答案】B

【解析】中国人民银行是我国的中央银行，未使用中国人民银行统一规定的票据，票据无效，未使用中国人民银行统一规定的结算凭证，银行不予受理。

【例题2-12·判断题】票据和结算凭证金额以中文大写和阿拉伯数字同时记载，二者必须一致，如果二者不一致只能按较小金额进行结算。(　　)

【答案】×

【解析】当大写金额与阿拉伯数字不一致时，银行不予受理，需要重新填制一张票据或结算凭证。

【例题2-13·多选题】票据和结算凭证上的下列(　　)必须真实，不得伪造、变造。

A. 公章　　B. 法人章(私章)　　C. 出票金额　　D. 出票日期

【答案】ABCD

【解析】票据和结算凭证上的签章必须是预留银行的印鉴，包括一枚公章和一枚法人章。公章是指财务章，法人章是指被授权的法定代表人的私章或签名，记载事项包括出票的日期、出票的金额等有关记载事项，不得变造、伪造。

【例题2-14·判断题】票据的出票日期必须使用中文大写。大写日期未按要求规范填写的，银行可予受理，但由此造成损失的，由出票人自行承担。(　　)

【答案】√

【例题2-15·单选题】填写票据出票日期时，“2月12日”书写正确的是(　　)。

A. 贰月拾贰日　　B. 零贰月拾贰日

C. 零贰月壹拾贰日　　D. 零贰月零壹拾贰日

【答案】C

【例题2-16·判断题】票据中的大写金额数字应用正楷或行书填写，不得自造简化字。如果金额数字书写中使用繁体字，也应当受理。(　　)

【答案】√

【例题2-17·判断题】中文大写金额数字到“元”为止的，在“元”之后应当写“整”(或“正”)字，大写金额数字到“角”为止的，在“角”之后“整”(或“正”)字写与不写均为正确，大写金额数字有“分”的，“分”后面绝对不写“整”(或“正”)字。(　　)

【答案】√

【例题2-18·多选题】票据和结算凭证的下列(　　)各项不得更改，更改的票据无效，更改的结算凭证，银行不予受理。

A. 金额　　B. 出票或签发日期

C. 付款人名称　　D. 收款人名称

【答案】ABD

【解析】付款人的名称在票据上以预留银行的签章来表示。签章是票据有效的绝对记载事项。

第三节　银行结算账户

一、银行结算账户的概念与分类

【例题2-19·判断题】银行结算账户是指存款人在经办银行开立的办理资金收付结算的人民币定期存款账户。(　　)

【答案】×

【解析】银行结算账户是指存款人在经办银行开立的办理资金收付结算的人民币活期存款账户。

【例题2-20·多选题】银行结算账户的类别除“基本存款账户”和“一般存款账户”外，还包括以下银行账户的类别(　　)。

A. 专用存款账户　　B. 临时存款账户

C. 个人存款账户　　D. 异地银行结算账户

【答案】ABCD

【例题2-21·单选题】企事业单位用于发放职工薪酬、奖金等提取现金的业务，应当通过(　　)办理。

A. 专用存款账户　　B. 基本存款账户

C. 一般存款账户　　D. 个人存款账户

【答案】B

【解析】基本存款账户是企业的主办账户，该账户的业务范围可以提取现金，可以缴存现金，可以办理转账结算。发放职工薪酬、发放奖金、提取备用金等提取库存现金的业务只能通过基本存款账户办理。无论企业规模大小，一个单位只能开立一个基本存款账户。

二、银行结算账户管理的基本原则

【例题 2－22·多选题】关于银行结算账户管理的基本原则，下列表述正确的有(　　)。

A. 无论企业规模大小只能开立一个基本存款账户

B. 各单位有权自主选择开户银行

C. 开户单位开立银行结算账户应遵守国家法律并符合相关规定

D. 开户银行对存款人的存款信息应当保密

【答案】ABCD

三、银行结算账户的开立、变更与撤销

银行结算账户的开立有两种，一种是需要核准的，一种是需要备案的；无论是核准后开立的，还是开户后备案的，都由中国人民银行当地分支行负责。

需要核准后开立的银行结算账户有：基本存款账户、临时存款账户(因注册验资和增资验资的除外)。

开户后备案的结算账户有：一般存款账户、个人银行结算账户及其他专用存款账户。

【例题 2－23·单选题】存款人银行结算账户有法定变更事项的，如变更企业法人，改变经营地址等，应于(　　)日内书面通知开户银行并提供有关证明。

A. 3　　B. 5　　C. 10　　D. 15

【答案】B

【例题 2－24·判断题】开户银行对存款人办理变更手续后应于 2 日内向中国人民银行当地分支行报告。(　　)

【答案】√

【例题 2－25·多选题】存款人有下列(　　)情形的，应于 5 个工作日内向开户银行提出撤销银行结算账户的申请。

A. 企业被撤并、解散的　　B. 企业宣告破产或关闭的

C. 企业注销或被吊销营业执照的　　D. 因迁址需要变更开户银行的

【答案】ABC

【例题2-26·多选题】下列各项中，属于专用账户使用范围的有(　　)。

A. 因借款或其他结算需要设立的银行结算账户

B. 为社会保障基金、住房基金设立的银行结算账户

C. 为基本建设、更新改造资金设立的银行结算账户

D. 为财政预算外资金、证券交易结算资金、期货交易保证金设立的银行结算账户

【答案】BCD

【解析】选项A为一般存款账户。专用存款账户适用于基本建设资金，更新改造资金，财政预算外资金，粮、棉、油收购资金，证券交易结算资金，期货交易保证金，信托基金，住房基金，社会保障基金，收入汇缴资金，业务支出资金等专项管理和使用的资金。

【例题2-27·多选题】下列各项中，属于银行结算账户撤销事由的有(　　)。

A. 注销、被吊销营业执照

B. 因迁址需要变更开户银行

C. 被撤并、解散、宣告破产或关闭

D. 存款人尚未清偿开户银行债务的

【答案】ABC

【解析】存款人尚未清偿开户银行债务的，不得申请撤销银行账户。

四、违反银行结算账户管理法律制度的法律责任

【例题2-28·多选题】存款人在开立、撤销银行结算账户中有法定违法行为时，需要区分是经营性的存款人还是非经营性的存款人，如果是经营性的存款人尚不构成犯罪的承担的法律责任有(　　)。

A. 警告

B. 并处1万元以上3万元以下的罚款

C. 责令限期改正

D. 可以处1万元以上3万元以下的罚款

【答案】AB

【解析】如该经营性存款人构成犯罪的，还要移交司法机关依法追究刑事责任。对于非经营性的存款人，则给予警告并处以1 000元的罚款。提示考生注意是“并处”不是“可以处”。

【例题2-29·多选题】经营性存款人使用银行结算账户时，有下列(　　)违反规定的行为将给予警告并处5 000元以上30 000元以下的罚款。

A. 将单位的款项转入个人银行结算账户

B. 利用开户银行结算账户逃避银行债务

C. 出租、出借银行账户

D. 将销货收入或现金存入单位信用卡账户

【答案】ABCD

【解析】对于非经营性的存款人，有上述行为的给予警告并处1 000元的罚款。

【例题2－30·判断题】对伪造、变造、私自印制开户登记证的经营性存款人，将处以1万元以上3万元以下的罚款，构成犯罪的，移送司法机关依法追究刑事责任。(　　)

【答案】√

【例题2－31·多选题】银行在给存款人开立银行结算账户中有法定违法行为情节严重的，应当承担的法律责任有(　　)。

A. 警告

B. 并处5万元以上30万元以下的罚款

C. 停止对其开立基本存款账户的核准

D. 责令该银行停业整顿或者吊销经营金融业务许可证

【答案】ABCD

【解析】这是银行存在违法行为的情形，对负有法律责任的高级管理人员、直接责任人等，构成犯罪的，依法追究刑事责任。

【例题2－32·判断题】银行在银行结算账户的使用中有法定违法行为时，由中国人民银行给予警告并处5 000元以上30 000元以下罚款。(　　)

【答案】√

第四节　票据结算方式

一、票据结算概述

(一)票据的概念及种类

票据是由出票人依法签发的、约定自己或者委托付款人在见票时或指定的日期向收款人或者持票人无条件支付一定金额的有价证券。

在我国，票据主要包括银行汇票、商业汇票、银行本票和支票。

【说明】银行汇票、银行本票和支票属于见票即付的票据；商业汇票是在指定日期向收款人或者持票人无条件支付一定金额的票据。在会计核算上，商业汇票通过应收或者应付票据核算。

(二)票据的功能

票据的功能包括：①支付功能；②汇兑功能；③信用功能；④结算功能；⑤融资功能。

(三)票据行为

票据行为是指票据当事人以发生票据债务为目的的、以在票据上签名或盖章为权利与义务成立要件的法律行为，票据行为包括出票、背书、承兑和保证四种。

(四)票据当事人

票据的基本当事人包括出票人、付款人和收款人。

【说明】以转账支票支付货款为例：购货方为付款人，此时签发支票为出票人，销售方为收款人，当收款人取得转账支票后应当填写银行进账单，由收款人的开户银行向付款人开户银行收款，付款人的开户银行在见票时无条件支付款项，出票人的开户银行是付款人。

票据的非基本当事人包括承兑人、背书人、被背书人和保证人等。

(五)票据权利与责任

1. 票据权利

票据权利是指票据持票人向票据债务人请求支付票据金额的权利，包括付款请求权和票据追索权。

(1)付款请求权。付款请求权是指持票人向商业汇票的承兑人、本票的出票人、支票的付款人出示票据要求付款的权利。行使付款请求权的持票人可以是票据上记载的收款人或最后的被背书人。

(2)票据追索权。票据追索权是指票据当事人行使付款请求权遭到拒绝或其他法定原因存在时，向其前手请求偿还票据金额及其他法定费用的权利。

2. 票据责任

票据责任是指票据债务人向持票人支付票据金额的责任。

【举例说明】A是出票人也是付款人，B是收款人收到A出具的票据，B在票据有效期内以此作为支付手段用以采购货物，B在背书后将票据转让给C，当C向A请求付款遭到拒绝时，C向B请求付款，行使的是票据追索权。此例中，A是票据的责任人，应当承担付款义务；B是第一收款人也是转让票据的人，B在转让票据时是背书人；C是被背书人也是最后的持票人。

【例题2-33·多选题】下列各项中，属于票据的有(　　)。

A. 银行汇票　　B. 银行本票

C. 银行承兑汇票　　D. 商业承兑汇票

【答案】ABCD

【解析】选项CD可以统称为商业汇票。属于票据的还有现金支票、转账支票。

【例题2-34·多选题】票据是由出票人依法签发的、约定自己或者委托付款人在见票时或指定的日期向收款人或者持票人无条件支付一定金额的有价证券。票据的功能有(　　)。

A. 融资功能　　B. 汇兑功能　　C. 信用功能　　D. 结算功能

【答案】ABCD

【解析】除上述功能外，票据最基本的功能是支付功能。有的票据是见票即付，如银行本票、银行汇票和支票，有的票据是在指定日期无条件付款，如商业汇票。

【例题 2－35·多选题】票据行为是指票据当事人以发生票据债务为目的的、以在票据上签名或盖章为权利义务成立要件的法律行为。票据行为具体包括(　　)。

A. 出票　　B. 背书　　C. 承兑　　D. 保证

【答案】ABCD

【例题 2－36·判断题】承兑人、保证人在票据上的签章不符合《票据法》等规定的，票据无效。(　　)

【答案】×

【解析】承兑人、保证人在票据上的签章不符合《票据法》等规定的，只是签章无效，但不影响其他符合规定签章的效力。

【例题 2－37·判断题】签发票据的人在票据上的签章不符合《票据法》等规定的，票据无效。(　　)

【答案】√

【解析】签发票据的人即出票人，出票人的签章应当为预留银行的印鉴，如果签章不符则票据无效。

【例题 2－38·多选题】票据的当事人有基本当事人和非基本当事人之分，下列各项中，属于票据基本当事人的有(　　)。

A. 出票人　　B. 背书人　　C. 付款人　　D. 收款人

【答案】ACD

【解析】以签发支票为例：出票人是依法签发票据的人；收款人是票据上载明的有权收取票款的人；付款人一般是出票人的开户银行，因为银行作为支付的中介，所以付款人一般是指代为支付票款的银行。当开出商业汇票时，才会涉及到承兑人；当票据被转让时才会涉及到背书人和被背书人；保证人一般是为付款人提供担保的人。当不存在转让和保证的情况时，非基本当事人不会出现。因此非基本当事人包括承兑人、背书人、被背书人和保证人。

二、支票

(一)支票的概念及适用范围

支票是出票人签发的、委托办理支票存款业务的银行在见票时无条件支付确定的金额给收款人或者持票人的票据。单位和个人的各种款项的结算，均可使用支票。

【提示】出票人就是开出转账支票的单位，办理支票存款业务的银行就是各单位的开户银行。支票的适用范围是：同一票据交换区域(或同城)。2007 年 7 月 8 日，中国人民银行宣布：支票可以实现全国范围内互通使用。

(二)支票的种类(考点)

支票的种类：(出选择题或判断题)

(1)现金支票。在基本存款账户提现；现金支票只能提现不能转账且不得背书转让。

(2)转账支票。只能转账，不能提现，在本单位开户银行均可办理转账结算，可背书转让。

(3)普通支票又分普通支票和划线支票。

①普通支票：可以提现，也可以转账。

②划线支票：划两条平行线的支票，只能转账，不能提现。

【例题 2－39 · 多选题】支票的基本当事人有(　　)。

A. 出票人　　B. 付款人　　C. 收款人　　D. 背书人

【答案】ABC

【解析】支票和银行汇票的基本当事人有三个，分别是出票人、付款人和收款人。

【例题 2－40 · 判断题】支票分为转账支票和现金支票。转账支票可以背书转让，现金支票不能背书转让。(　　)

【答案】√

【解析】因为只有本单位使用现金才可以按规定提取现金，所以现金支票仅限于本单位使用，购买现金支票应当在基本存款账户的开户银行购买。

【例题 2－41 · 多选题】下列各种支票中，可以提取现金的有(　　)。

A. 转账支票　　B. 现金支票　　C. 普通支票　　D. 划线支票

【答案】BC

【解析】转账支票和划线支票只能转账不能提现，现金支票只能提现不能转账，普通支票既可以用于支取现金，也可以用于转账。

【例题 2－42 · 多选题】支票的金额和收款人的名称可以由出票人授权补记，未补记前(　　)。

A. 不得背书转让　　B. 可以背书转让

C. 不得提示付款　　D. 可以提示付款

【答案】AC

【解析】未补记前不得背书转让，也不得提示付款。

（三）支票的出票

【例题2-43·多选题】票据的绝对记载事项是票据生效的前提条件，下列各项中属于支票的绝对记载事项的有（　　）。

A. 确定的金额　　B. 付款人名称　　C. 出票日期　　D. 出票人签章

【答案】ABCD

【解析】各种票据上的绝对记载事项均记载与票据对应的名称，如“支票”的字样，以及“无条件支付的委托”。在支票上，大写和小写金额应当一致；付款人名称以出票人的签章为准，且签章应为预留银行的印鉴，出票的日期必须中文大写，其理由是防止变造出票日期。出票日期用小写的银行不予受理。

【例题2-44·多选题】下列各项中，属于支票的相对记载事项的有（　　）。

A. 付款时间　　B. 付款地　　C. 出票地　　D. 采购地

【答案】BC

【解析】对于支票而言，付款地和出票地是相对记载事项，所谓相对记载事项是在票据上可以记载也可以不记载的事项。支票上未记载付款地的，以付款人的营业场所为付款地；支票上未记载出票地的，出票人的营业场所、住所或者经常居住地为出票地。

【例题2-45·判断题】支票上未记载出票地的，应以出票人的营业场所作为出票地。（　　）

【答案】×

【解析】支票上未记载出票地的，应当以出票人的营业场所、住所或者经常居住地为出票地。

【例题2-46·判断题】支票属于见票即付的票据，支票的提示付款期限自出票之日起10天，若遇到存款人账户里的存款不足时，则该支票可以顺延至足以支付票款时。（　　）

【答案】×

【解析】当存款人账户里资金不足以支付票款时，属于出票人签发空头支票的行为。持票人有权要求出票人支付票款和出票金额2%的赔偿金。

（四）支票的付款

【例题2-47·判断题】出票人在付款人处的存款足以支付支票金额时，付款人应当在见票当日足额付款。（　　）

【答案】√

【例题2-48·判断题】支票的持票人为收取票款的权利人，应当自收到支票之日起10日内向付款人提示付款。（　　）

【答案】×

【解析】支票的持票人应当自出票日起10日内提示付款。会计实务中，收到转账支票应当审核出票日期，遇到支票就要过期的情况可以要求出票人重新签发支票以避免不必要的麻烦。

【例题2－49·判断题】出票人在付款人处的金额足以支付支票金额的，付款人依法支付支票金额后，对出票人不再承担付款的责任。(　　)

【答案】×

【解析】付款人即存款人的开户银行，对出票人承担的是受委托付款的责任，对持票人承担的是付款责任。

(五)支票的办理要求

【例题2－50·多选题】下列关于签发支票的要求中，表述正确的有(　　)。

A. 签发支票应当使用碳素墨水或墨汁填写

B. 签发现金支票和用于支取现金的普通支票，应当符合国家现金管理的规定

C. 禁止签发空头支票

D. 签发支票出票人的签章必须是出票人预留银行的签章

【答案】ABCD

【解析】签发支票的墨水必须是黑色的，请与登记账簿的要求相区别。所谓“空头支票”是存款人在付款人处的实际存款数额小于出票金额。

【例题2－51·单选题】银行向持票人支付支票票款的依据是(　　)。

A. 出票人在银行的账号　　B. 出票人预留银行的签章

C. 持票人的身份证　　D. 支付密码

【答案】B

【解析】出票人预留银行的签章是银行审核支票支付票款的依据。对于支付密码属于可以约定的情况。

【例题2－52·多选题】出票人在签发支票时出现(　　)情况时，银行应予以退票，并按票面金额处以5%但不低于1 000元的罚款。

A. 出票人签发空头支票

B. 出票人签章与预留银行签章不符

C. 使用支付密码的地区，支付的密码错误

D. 出票人的出票日期未按照规定书写

【答案】ABC

【例题2－53·案例题】甲企业在2014年12月初购入商品一批，价税合计数234 000元

尚未付款，月末时供应商急于年底结账上门催要货款234 000元。甲销售企业当日的银行存款余额仅为180 000元，为了尽快将供应商打发走，甲企业向供应商开出了一张234 000元的转账支票。根据案情回答以下问题。

(1)甲企业开出的转账支票是否属于空头支票？

是(　　)；否(　　)

【答案】是

(2)甲企业的开户银行是否可以对其进行罚款？

可以(　　)；不可以(　　)

【答案】可以

(3)银行对甲企业的罚款金额是多少？

A. 1 000元　　B. 11 700元　　C. 4 680元　　D. 2 700元

【答案】B

【解析】银行对甲企业的罚款金额按照票面金额234 000×5% =11 700(元)。如果计算结果小于1 000元最低按1 000元处罚。

(4)作为持票人供应商是否有权要求甲企业进行赔偿？

可以(　　)；不可以(　　)

【答案】可以

(5)甲企业对供应商的赔偿金额是多少？

A. 4 680元　　B. 1 000元　　C. 1 080元　　D. 4 000元

【答案】持票人有权要求甲企业赔偿票面金额234 000×2% =4 680(元)的赔偿金。

【例题2－54·判断题】用于提取现金的支票仅限于收款人向付款人提示付款。(　　)

【答案】√

【解析】填写现金支票仅限于本单位支取现金时，本单位是收款人，开户银行是付款人。在现金支票的“收款人”处应当填写开户单位的全称，小额现金的支取可以填写“本单位”。

【例题2－55·判断题】持票人委托开户银行收款时，应当在支票的背面或者粘单上做“委托收款”背书，并将支票和填制的银行对账单一并送交开户银行。(　　)

【答案】×

【解析】是将支票和填制的银行进账单一并送交开户银行。

【例题2－56·判断题】收款人持用于支取现金的支票向银行提示付款时，应当在支票背面“收款人签章”处加盖预留银行的签章，持票人如为个人的，还需交验持票人的身份证件，并在支票背面注明证件名称、号码及发证机关。(　　)

【答案】√

三、商业汇票

商业汇票是出票人签发的、委托付款人在指定日期无条件支付确定的金额给收款人或者持票人的票据。商业汇票的付款期限最长不得超过6个月。

商业汇票按承兑人的不同分为：

(1)银行承兑汇票：在银行开立存款账户的存款人签发，银行承兑汇票的承兑人是付款人的开户银行。

(2)商业承兑汇票：由付款人或收款人签发，商业承兑汇票的承兑人是付款人本身。

【例题2－57·多选题】作为商业汇票的出票人，应当具备的条件有(　　)。

A. 应为在银行开立了存款账户的法人及其他组织

B. 出票人与付款人具有真实的委托付款关系

C. 存款金额有足以支付汇票金额的保证

D. 居民个人签发商业汇票需要提交身份证明

【答案】ABC

【解析】商业汇票个人不得使用，故选项D不选。

【例题2－58·单选题】下列各项中，不属于商业汇票必须记载事项的是(　　)。

A. 付款人名称　　B. 收款人名称　　C. 承兑日期　　D. 出票日期

【答案】C

【解析】商业承兑汇票的必须记载事项有7项：①表明商业承兑汇票或银行承兑汇票的字样；②无条件支付的委托；③确定的金额；④付款人名称；⑤收款人名称；⑥出票日期；⑦出票人签章。以下是商业承兑汇票的票样。

商业承兑汇票　**2**　　　　汇票号码

签发日期　年　月　日　　　　第　号

<table>
<tr><td rowspan="3">收款人</td><td>全　称</td><td colspan="2"></td><td rowspan="3">付款人</td><td>全　称</td><td colspan="2"></td></tr>
<tr><td>账　号</td><td colspan="2"></td><td>账　号</td><td colspan="2"></td></tr>
<tr><td>开户银行</td><td></td><td>行号</td><td>开户银行</td><td></td><td>行号</td></tr>
<tr><td>汇票金额</td><td colspan="4">人民币
(大写)</td><td colspan="3">千 百 十 万 千 百 十 元 角 分</td></tr>
<tr><td>汇票到期日</td><td colspan="3">年　月　日</td><td>交易合同号码</td><td colspan="3"></td></tr>
<tr><td colspan="4">本汇票已经本单位承兑，到期日无条件支付票款。此致
收款人
付款人盖章
负责　经办　年　月　日</td><td colspan="4">汇票签发人盖章
负责　经办</td></tr>
</table>

此联收款人开户行随结算凭证寄付款人开户行作付出传票附件

10×17.5厘米（白纸绿花纹蓝油墨）

【提示】所谓“必须记载”事项就是说，在票据上如不记载，则票据无效的情形。

【例题2－59·多选题】下列各项中，对于商业汇票相对记载事项的表述，正确的有（　　）。

A. 商业汇票上未记载付款日期的，视为见票即付的票据

B. 商业汇票上未记载付款地的，付款人的营业场所、住所或者经常居住地为付款地

C. 商业汇票上未记载出票地的，出票人的营业场所、住所或者经常居住地为出票地

D. 属于商业汇票相对记载事项的有出票地和付款地。

【答案】ABCD

【例题2－60·单选题】下列票据的当事人，当付款人对汇票承兑后，汇票上的主债务人是（　　）。

A. 出票人　　B. 持票人　　C. 付款人　　D. 保证人

【答案】C

【解析】付款人（出票人的开户银行）在对汇票承兑后，即成为汇票上的主债务人。所谓承兑是指汇票的付款人承诺汇票到期日支付汇票金额的票据行为。只有经过承兑的商业汇票到期才能收回票款。

【例题2－61·判断题】银行承兑汇票由出票人签发后由银行承兑，而商业承兑汇票收款人和付款人均可签发，但与银行承兑汇票不同的是由付款人承兑。（　　）

【答案】√

【例题2－62·判断题】商业汇票的使用中“提示承兑”是关键的一环，如“定日付款或者出票后定期付款”的汇票，持票人应当在汇票到期日前向付款人提示承兑。（　　）

【答案】√

【解析】所谓“定日付款”的汇票是一种远期票据，出票时到期日就已经确定了。对定日付款的商业汇票应当在汇票到期日前提示承兑，由付款人（银行）盖章表示承兑。

【例题2－63·判断题】付款人对向其提示承兑的汇票，应当自收到提示承兑的汇票之日起3日内承兑或者拒绝承兑，如果付款人在3日内不做承兑与否的表示，则视为接受承兑。（　　）

【答案】×

【解析】如果付款人在3日内不做承兑与否的表示，则视为拒绝承兑。

【例题2－64·多选题】见票后定期付款的汇票经付款人承兑后，应当在汇票的正面记载（　　）内容。

A. “承兑”字样　　B. 承兑日期　　C. 付款人签章　　D. 付款日期

【答案】ABCD

【解析】如为“见票后定期付款”的汇票，在承兑时应当记载付款日期。而定日付款的汇票在汇票上已经注明到期日则不需再记载付款日期。

【例题2－65·单选题】下列各项中，属于票据的任意记载事项的是(　　)。

A. 票据上的签章　　B. 付款地

C. 记载“不得转让”　　D. 出票金额

【答案】C

【解析】票据的记载事项：①必须记载事项，如不记载导致票据无效。②相对记载事项，可以记载也可以不记载，如出票地、付款地，即使不记载票据依然有效不影响票据的效力。③任意记载事项，如记载“不得转让”，如不记载则可以转让，一旦记载，则票据再转让出票人对票据可以不承担责任。任意记载事项可以理解为不记不生效，记载则记载的内容生效。

【例题2－66·多选题】商业汇票的“保证”应当由汇票债务人以外的他人承担，为汇票提供保证的保证人必须在汇票上记载的事项有(　　)。

A. 表明“保证”的字样　　B. 保证人的名称、签章以及住所

C. 被保证人的名称　　D. 保证日期

【答案】ABCD

【例题2－67·判断题】当保证人为债务人清偿汇票债务后，可以行使持票人对被保证人及其前手的追索权。(　　)

【答案】√

四、银行汇票

(一)银行汇票的概念和适用范围

银行汇票是出票银行签发的、在见票时按照实际的结算金额无条件支付给收款人或者持票人的票据。单位和个人在异地、同城或同一票据交换区域的各种款项结算，均可使用银行汇票。

(二)银行汇票的记载事项

银行汇票的记载事项与商业汇票基本一致，区别是有标明“银行汇票”的字样。

(三)银行汇票的基本规定(考点)

(1)银行汇票可以用于转账，标明现金字样的“银行汇票”也可以提取现金。但是，标明现金字样的银行汇票的收款人和付款人仅限于个人；标明现金字样的银行汇票不得背书转让，不慎丢失可以挂失止付。

(2)银行汇票的提示付款期限自出票日起一个月内。出票人超过付款期限提示付款的，

代理付款人(银行)不予受理。

(3)未填写实际结算金额或实际结算金额超过出票金额的银行汇票不得背书转让。

(4)银行汇票的持票人向银行提示付款时，必须同时提交银行汇票和解讫通知，缺少任何一联，银行不予受理。

(5)银行汇票丧失，失票人可以凭人民法院出具的其享有票据权利的证明，向出票银行请求付款或退款。

【例题2－68·判断题】银行汇票是出票人签发的、在见票时按照实际的结算金额无条件支付给收款人或者持票人的票据。(　　)

【答案】×

【解析】银行汇票是由出票银行签发的。在会计核算中，通过“其他货币资金”账户核算。银行汇票是见票即付的票据，银行汇票的特点是票面上既有出票金额又有实际结算金额。

【例题2－69·判断题】银行汇票在支付结算中具有使用广泛的特点，单位和个人在同城、异地或同一票据交换区域的各种款项的结算，均可使用银行汇票。(　　)

【答案】√

【解析】银行汇票比支票的使用范围更广，一般是票随人走，实际的结算金额小于等于出票金额。

【例题2－70·判断题】银行汇票可以用于转账，标明“现金”字样的银行汇票可以提取现金，但是，标明“现金”字样的银行汇票不得背书转让，不慎丢失可以通知付款人或者代理付款人挂失止付。(　　)

【答案】√

【例题2－71·多选题】使用银行汇票的当事人，出现(　　)情况的银行汇票银行不予受理。

A. 未填明实际结算金额和多余金额　　B. 实际结算金额大于出票金额

C. 实际结算金额被更改　　D. 未同时提交银行汇票和解讫通知的

【答案】ABD

【解析】选项C属于银行汇票无效的情形。票据的出票日期、出票金额、收款人名称不得更改，更改的票据无效。选项ABD属于银行不予受理的情形。

【例题2－72·判断题】银行汇票的持票人向银行提示付款时，必须同时提交银行汇票和解讫通知，缺少任何一联，银行不予受理。(　　)

【答案】√

【例题2－73·判断题】银行汇票的持票人超过提示付款期限向代理付款银行提示付款

不获付款的，将永远失去该银行汇票所具有的票据权利。(　　)

【答案】×

【解析】银行汇票的持票人超过提示付款期限向代理付款银行提示付款不获付款的，必须在票据权利时效内(6个月)向出票银行做出说明，并提供本人身份证件或单位证明，持银行汇票和解讫通知向出票银行请求付款。银行汇票的票据时效为6个月。

五、银行本票

(一)银行本票的概念

银行本票是出票银行签发的、承诺自己在见票时无条件支付确定的金额给收款人或者持票人的票据。

【说明】银行本票的特点是银行自己出票，并在见票时由银行自己付款，所以银行本票的基本当事人只有2个，一个是出票人，一个是收款人。

(二)银行本票的适用范围

单位和个人在同一票据交换区域需要支付的各种款项均可以使用银行本票。银行本票可以用于转账，注明“现金”字样的银行本票可以支取现金。

【说明】在我国，使用银行本票的地区很少，只有少数省市使用银行本票。使用“现金”银行本票的收款人和付款人仅限于个人。

【例题2－74·多选题】银行本票的基本当事人有(　　)。

A. 付款人　　B. 收款人　　C. 承兑人　　D. 出票人

【答案】BD

【解析】银行本票的基本当事人有2个，出票人和收款人。出票银行出票，既是本票的出票人也是付款人。银行本票在全国只有少数省市使用，仅限于同城，单位和个人均可使用。

【例题2－75·判断题】无论是银行汇票还是银行本票，申请人或收款人为单位的，均不得申请签发“现金”银行汇票或者“现金”银行本票。(　　)

【答案】√

【例题2－76·单选题】下列各项中，不属于银行本票必须记载事项的是(　　)。

A. 出票日期　　B. 确定金额　　C. 付款人名称　　D. 收款人名称

【答案】C

【解析】因为银行本票的基本当事人有2个，即出票人和收款人，银行本票的出票人同时又是付款人，故与其他票据的必须记载事项相比，付款人名称不是银行本票的必须记载事项。

【例题2－77·判断题】银行汇票的提示付款期自出票之日起1个月，而银行本票的提示付款期自出票之日起2个月。(　　)

【答案】√

【例题2－78·判断题】本票的持票人未按照规定期限提示见票的，丧失对出票人以外的前手的追索权。(　　)

【答案】√

第五节　银行卡

一、银行卡的概念

银行卡是指经批准由商业银行(含邮政金融机构)向社会发行的具有消费信用、转账结算、存取现金等全部或部分功能的信用支付工具。

二、银行卡的分类

银行卡按是否具有透支功能分为信用卡和借记卡。

(1)信用卡(可透支)又分为贷记卡和准贷记卡。

①贷记卡：持卡人在信用额度内先消费，后还款的信用卡。

②准贷记卡：持卡人先存入一定的备用金后在信用额度内消费，是可透支的信用卡。

(2)借记卡(不可透支)，按功能不同又分为转账卡、专用卡和储值卡。

【考点提示】

(1)单位人民币卡账户的资金一律从其基本存款账户转账存入，不得存取现金、不得将销货收入存入单位卡账户。销户时单位人民币卡账户的资金应当转回基本存款账户，不得提取现金。(客观题)

(2)单位外币卡账户的资金应当从其单位的外汇账户转账存入，不得在境内存取外币现钞。单位外币卡账户的资金应当转回相应的外汇账户，不得提取现金。(客观题)

(3)准贷记卡的透支期限最长60天。(单选题)

(4)贷记卡的首月最低还款额不得低于其当月透支额的10%。免息还款期最长为60天。

(5)贷记卡持卡人选择最低还款额方式或超过发卡银行批准的信用额度用卡时，不再享受免息还款期待遇，应当支付未偿还部分自银行记账日起，按规定利率计算的透支利息。(判断题)

(6)贷记卡透支按月计收复利。准贷记卡透支按月计收单利。

(7)贷记卡持卡人支取现金、准贷记卡透支，不享受免息还款期和最低还款额待遇。

【例题 2－79·多选题】银行卡是指经批准由商业银行（含邮政金融机构）向社会发行的具有以下全部或者部分功能的信用支付工具。（　　）

A. 消费信用　　B. 转账结算　　C. 存取现金　　D. 透支

【答案】ABC

【解析】银行卡没有透支功能。

【例题 2－80·单选题】将银行卡分为信用卡和借记卡，是按照（　　）所进行的分类。

A. 发行主体　　B. 账户币种的不同

C. 授信额度　　D. 信息载体不同

【答案】C

【例题 2－81·判断题】单位人民币卡可办理商品交易和劳务供应款项的结算，既不能透支也不得支取现金。（　　）

【答案】√

【例题 2－82·多选题】发卡银行对银行卡持卡人的透支款项和诈骗款项予以追偿的途径有（　　）。

A. 扣减持卡人保证金　　B. 依法处理抵押物和质押物

C. 向保证人追索透支款　　D. 通过诉讼程序进行追偿

【答案】ABCD

【例题 2－83·判断题】单位银行卡账户的资金，可以从基本存款账户转账存入，不得交存现金，不得将销货收入的款项存入其账户。（　　）

【答案】×

【解析】单位银行卡账户的资金，一律从基本存款账户转账存入，注销单位银行卡时，卡内余额只能转回到基本存款账户，不得提取现金。

【例题 2－84·多选题】银行卡作为一种支付工具，具有使用方便、集多功能于一体的特点。下列银行卡中具有透支功能的是（　　）。

A. 贷记卡　　B. 准贷记卡　　C. 转账卡　　D. 储值卡

【答案】AB

【例题 2－85·多选题】银行卡按发行对象的不同分为单位银行卡和个人银行卡，关于单位银行卡的下列表述，正确的是（　　）。

A. 单位人民币卡账户的资金必须从其基本存款账户转账存入

B. 单位人民币卡不办理销货收入款项的存入

C. 单位人民币卡账户销户时，不得提取现金，余额一律转回基本存款账户

D. 严禁将单位的款项存入个人卡账户

【答案】ABCD

【例题 2-86·判断题】贷记卡持卡人的非现金交易享受免息还款期待遇，从银行记账日起至发卡行规定的到期日之间为免息还款期，免息还款期最长为 60 天。(　　)

【答案】√

【例题 2-87·判断题】贷记卡和准贷记卡是有区别的信用卡，贷记卡透支按月计收复利，准贷记卡按月计收单利。透支利率为日利率的 0.05%。(　　)

【答案】√

【解析】贷记卡因为是先消费后还款的信用卡，卡内没有资金垫付，当透支时采用复利计息，而准贷记卡需要预存一定额度的资金，当透支时采用单利计息。

【例题 2-88·判断题】个人银行卡销户时，既可以转账结清，也可以提取现金。(　　)

【答案】√

【例题 2-89·单选题】信用卡持卡人在还清全部交易款项、透支本金和利息以及有关费用后，信用卡有效期满(　　)天后，且不更换新卡的可以注销。

A. 15　　B. 30　　C. 45　　D. 60

【答案】C

【提示】信用卡持卡人不需要继续使用信用卡时，应持信用卡主动到发卡银行办理销户。信用卡持卡人透支后，在还清透支本息后有下列情况，可以办理销户手续：

(1)信用卡有效期满 45 天后，持卡人不更换新卡的；

(2)信用卡挂失 45 天后，没有附属卡又不更换新卡的；

(3)信用卡被列入支付名单，发卡银行已收回信用卡 45 天的；

(4)持卡人死亡，发卡银行已收回其信用卡 45 天的；

(5)信用卡账户两年(含)以上未发生交易的。

第六节　其他结算方式

在第六节中，分别介绍了汇兑、委托收款、托收承付、国内信用证等结算方式。

一、汇兑

(一)汇兑的概念和分类

汇兑是汇款人委托银行将其款项支付给收款人的结算方式。汇兑分为信汇、电汇两种。使用对象：单位、个人均可使用。

(二)办理汇兑的程序

(1)签发汇兑凭证。汇兑凭证上必须记载下列事项：表明“信汇”或者“电汇”的字样；无条件支付的委托；确定的金额；收款人名称；汇款人名称；汇入地点与汇入行名称；汇出地点与汇出行名称；委托日期；汇款人签章。汇票上缺少上述任何一项记载，银行不予受理。

(2)汇出银行受理汇款人签发的汇兑凭证。

(3)汇入银行收到汇入款项。

【考点提示】

(1)汇款回单只能作为汇出银行受理汇款的依据，不能作为该笔汇款已转入收款人账户的证明。

(2)“收账通知”是银行将款项确已收入收款人账户的凭据。

(3)汇款人对汇出银行尚未汇出的款项可以申请撤销(并非办理退汇)。申请撤销时，应出具正式函件或本人身份证件及原信汇、电汇回单。

(4)汇入银行向收款人发出取款通知经过2个月无法交付的汇款，应当主动办理退汇。

【例题2-90·判断题】汇兑是汇款人委托银行将其款项支付给收款人的结算方式，汇款人收到的汇款回单是银行将该笔款项支付给收款人的证明。(　　)

【答案】×

【解析】汇款回单只能作为汇出银行受理汇款的依据，不能作为该笔汇款已转入收款人账户的证明。“收账通知”是银行将款项确已收入收款人账户的依据。

【例题2-91·判断题】汇入银行对于收款人拒绝接受的汇款，汇款人可以申请撤销。(　　)

【答案】×

【解析】汇入银行向收款人发出取款通知经过2个月无法交付的汇款，应当主动办理退汇，不可申请撤销。

二、委托收款

委托收款是收款人委托银行向付款人收取款项的结算方式。

【考点提示】

(1)使用对象：单位和个人均可使用。

(2)使用范围：同城、异地均可使用。

(3)委托收款结算款项的划回方式分为邮寄和电报两种。

【例题2-92·多选题】委托收款的记载事项有(　　)。

A. 委托收款凭据名称及附记单证张数　　B. 确定的金额
C. 收款人名称　　D. 付款人名称

【答案】ABCD

【解析】委托收款除以上记载事项外，还包括委托日期、收款人签章、表明“委托收款”的字样。

【例题2－93·判断题】以单位为付款人的，银行通知付款人后，付款人应于接到通知的次日通知银行付款。(　　)

【答案】×

【解析】付款人应于接到通知的当日通知银行付款。

【例题2－94·多选题】关于委托收款，收款人收取公共事业费符合要求的有(　　)。

A. 收、付款双方当事人事先必须签订经济合同
B. 应由付款人向自己的开户银行授权，并经开户银行同意
C. 开户行应将该业务报经中国人民银行当地分支行批准
D. 满足以上要求可以使用同城特约委托收款

【答案】ABCD

三、托收承付

(一)托收承付的概念及适用范围

托收承付是根据购销合同由收款人(销售方)发货后委托银行向异地付款人(购买方)收取款项，由付款人向银行承认付款的结算方式。

使用托收承付结算方式的收款单位和付款单位，必须是国有企业、供销合作社以及经营管理较好，并经开户银行审查同意的城乡集体所有制工业企业。

(二)托收承付的结算规定(考点)

托收承付凭证记载事项有：①表明“托收承付”字样；②确定的金额；③付款人的名称和账号；④收款人的名称和账号；⑤付款人的开户银行名称；⑥收款人的开户银行名称；⑦托收附记单证张数或册数；⑧合同名称、号码；⑨委托日期；⑩收款人签章。

(1)托收承付结算方式适用于“异地”结算。结算金额起点为10 000元，新华书店系统结算起点为1 000元。

(2)代销、寄销、赊销商品的款项不得办理托收承付。

(3)办理托收承付结算的款项，必须是商品交易以及因商品交易而产生的劳务供应的款项。

【说明】例如因购买空调的商品交易而发生的安装空调的劳务。购买空调属于商品交易，安装空调产生的劳务属于因商品交易而产生的劳务。

(4)销售方对同一付款人发货累计3次收不回货款的，或付款人累计3次提出无理拒付货款的，双方的开户银行应暂停其办理托收承付业务。

(5)验单付款的承付期为3天，从付款人开户银行发出承付通知的次日算起。

【说明】例如银行4月1日发出通知，承付期为4月2日—4月4日，4月5日付款人开户银行划款。遇节假日顺延。

(6)验货付款的承付期为10天，从运输部门向付款人发出提货通知的次日算起。

【提示】不论是验单付款还是验货付款，付款人都可以在承付期内提前向银行表示付款，承付期内付款人提出拒付，应告知银行。另外提示考生：验单付款是由付款人开户银行发出承付通知，而验货付款是由运输部门向付款人发出提货通知，请注意区别。

【例题2－95·判断题】办理托收承付结算的款项，必须是商品交易和劳务供应的款项。(　　)

【答案】×

【解析】必须是商品交易以及由商品交易产生的劳务供应的款项。不能用"和"表示。

【例题2－96·多选题】托收承付是根据购销合同由收款人发货后委托银行向异地付款人收取款项，由付款人向银行承认付款的结算方式。下列各项中不得办理托收承付结算的是(　　)。

A. 代销　　B. 赊销　　C. 转销　　D. 寄销

【答案】ABD

【例题2－97·单选题】某企业采用托收承付结算方式承付货款，双方约定验单付款，该企业6月10日接到银行通知，该企业的付款日为(　　)。

A. 6月10日　　B. 6月11日　　C. 6月13日　　D. 6月14日

【答案】C

【解析】验单承付期为3天，从购货单位的开户银行发出通知的次日算起，即从6月11日、12日、13日，故选择C选项。

【例题2－98·判断题】某企业采用托收承付结算方式承付货款，双方约定验货付款，该企业6月10日接到运输部门发出的提货通知，按照约定，该企业未向银行表示拒绝付款，则该企业的开户银行应当在6月21日上午将款项划给收款人。(　　)

【答案】√

【解析】该企业6月10日接到运输部门的提货通知，应当自接到通知的次日(6月11日)算起，至6月20日为10天的承付期。在承付期满的次日(6月21日)开户行将款项划给收款人。

四、国内信用证

(一)国内信用证的概念

国内信用证(简称信用证)是指开证银行依照申请人(购货方)的申请向受益人(销货方)开出的有一定金额、在一定期限内凭信用证规定的单据支付款项的书面承诺。国内信用证是适用于国内贸易的一种支付结算方式。

(二)国内信用证的结算方式

国内信用证的结算方式只适用于国内企业之间商品交易产生的货款结算，并且只能用于转账结算，不得支取现金。

【考点提示】

(1)信用证结算方式只适用于国内企业之间商品交易产生的货款结算，并且只能用于转账结算，不得支取现金。

(2)开证银行受理开证业务，应向申请人收取不低于开证金额20%的保证金。

(3)信用证的基本条款包括：开证行名称及地址；开证日期；信用证编号；不可撤销；不可转让信用证；开证申请人名称及地址、受益人名称及地址；信用证有效期及有效地点。

(4)信用证最长不得超过6个月。

【例题2－99・多选题】下列结算方式中，在同城、异地均可使用的有(　　)。

A. 汇兑　　B. 托收承付　　C. 委托收款　　D. 国内信用证

【答案】ACD

【例题2－100・多选题】下列结算方式中，只能用于转账结算，不得支取现金的是(　　)。

A. 单位银行卡账户　　B. 托收承付

C. 委托收款　　D. 国内信用证

【答案】ABCD

【例题2－101・单选题】国内信用证(简称信用证)是指开证银行依照申请人的申请向受益人开出的有一定金额、在一定期限内凭信用证规定的单据支付款项的书面承诺。开证银行受理开证业务，应向申请人收取不低于开证金额(　　)的保证金。

A. 5%　　B. 10%　　C. 20%　　D. 30%

【答案】C

【例题2－102・判断题】国内信用证结算方式适用于国内企业和个人之间商品交易产生的货款结算，并且只能用于转账结算，不得支取现金。(　　)

【答案】×

【解析】国内信用证只适用于国内企业之间，个人不得开具国内信用证。

【例题2－103·多选题】开具国内信用证，其基本条款包括(　　)。

A. 开证行名称、地址及开证日期　　B. 开证申请人名称及地址

C. 受益人名称及地址　　D. 信用证有效期及有效地点

【答案】ABCD

【例题2－104·判断题】采用国内信用证结算方式的申请人，如果交存的保证金和其存款账户余额不足支付的，开证行仍应在规定的付款时间内进行付款，对不足支付的部分做逾期贷款处理。(　　)

【答案】√

课后总复习题库

一、单选题

1. 下列各项中不属于票据行为的是(　　)。

A. 出票人签发票据并将其交付给收款人的行为

B. 汇票的付款人承诺在汇票到期日支付汇票金额并签章的行为

C. 持票人在票据背面或粘单上记载有关事项并签章的行为

D. 持票人向汇票的承兑人、本票的出票人、支票的付款人出示票据要求付款

【答案】D

【解析】票据行为包括出票、背书、承兑、保证四种。A选项的表述为出票行为，B选项的表述为承兑行为，C选项的表述为背书行为，D选项的表述为付款请求权，故D选项不属于票据行为。

2. 在填写票据的出票日期时，按照规定应用汉字大写，“1月15日”应填写成(　　)。

A. 壹月壹拾五日　　B. 零壹月壹拾伍日

C. 零壹月壹拾五日　　D. 壹月拾伍日

【答案】B

【提示】建议考生对“2月12日”“10月20日”“4月15日”用中文大写进行练习。

3. 《票据法》规定，禁止签发空头支票。如果出票人签发空头支票40 000元，银行不仅予以退票，还可以罚款(　　)元。

A. 2 800　　B. 800　　C. 2 000　　D. 1 000

【答案】C

【解析】40 000×5%＝2 000(元)。因为数额大于1 000元，按2 000元罚款，如果计算出的罚款金额不足1 000元时，则按最低1 000元进行罚款。

4. 银行汇票的有效期为(　　)。

A. 10 天　　B. 1 个月　　C. 2 个月　　D. 6 个月

【答案】B

5. 存款人更改名称、但不改变开户银行及账户的，应于(　　)个工作日内向开户银行提出银行结算账户的变更申请。

A. 5　　B. 10　　C. 15　　D. 30

【答案】A

6. 下列各项中，不属于票据基本当事人的是(　　)。

A. 出票人　　B. 保证人　　C. 付款人　　D. 收款人

【答案】B

7. 失票人将丧失票据的情况通知付款人，由接受通知的付款人审查后暂停支付的方式被称为(　　)。

A. 公示催告　　B. 挂失支付　　C. 普通诉讼　　D. 票据丧失

【答案】B

8. 票据债务人以外的人，为担保特定债务人履行票据债务而在票据上记载有关事项并签章的行为属于(　　)行为。

A. 出票　　B. 背书　　C. 承兑　　D. 保证

【答案】D

9. 由出票银行签发的、在见票时按照实际结算金额无条件支付给收款人或者持票人的票据是(　　)。

A. 银行承兑汇票　　B. 银行汇票

C. 银行本票　　D. 支票

【答案】B

10. 对于基本建设资金、更新改造资金等特定用途的资金，根据《银行账户管理办法》的规定，向银行出具相关证明后可开立的账户是(　　)。

A. 基本存款账户　　B. 一般存款账户

C. 专用存款账户　　D. 临时存款账户

【答案】C

11. 支付结算功能是完成资金从一方当事人向另一方当事人的转移，银行在支付结算和资金清算中的角色是(　　)。

A. 主体　　B. 客体　　C. 中介机构　　D. 当事人

【答案】C

12. 《支付结算办法》规定，下列(　　)负责制定统一的支付结算制度，组织、协调、管理、监督全国的支付结算工作，调解、处理银行之间的支付结算纠纷。

A. 政策性银行　　B. 中国人民银行

C. 商业银行 D. 中国人民建设银行

【答案】B

13. 托收承付是根据购销合同由收款人发货后委托银行向异地的付款人收取款项，由付款人向银行承认付款的结算方式。新华书店系统采用托收承付结算方式时，每笔结算金额起点为人民币(　　)元。

A. 1 000 B. 5 000 C. 10 000 D. 50 000

【答案】A

14. 信用卡销户时，单位卡账户余额应转入其(　　)，不得提取现金。

A. 基本存款账户 B. 一般存款账户

C. 临时存款账户 D. 专用存款账户

【答案】A

15. 信用卡仅限于合法持卡人使用，持卡人不得出租或转借信用卡。单位卡按规定不得用于(　　)元以上的商品交易和劳务供应款项的结算，单位卡一律不得支取现金。

A. 5 000 B. 10 000 C. 50 000 D. 100 000

【答案】D

16. 信用卡透支额，金卡最高不超过1万元，普通卡最高不超过5千元，信用卡透支期限最长不超过(　　)。

A. 30日 B. 60日 C. 90日 D. 6个月

【答案】B

17. 在普通支票的左上角划两条平行线的，为划线支票，对于划线支票下列表述正确的是(　　)。

A. 既可用于转账也可提取现金 B. 只可用于转账

C. 只能用于转账不得支取现金 D. 只可用于提现

【答案】C

18. 银行结算账户管理档案的保管期限为银行结算账户撤销后(　　)年。

A. 5 B. 10 C. 15 D. 25

【答案】B

19. 票据丧失后由失票人向人民法院提出申请，请求人民法院以公告的方式通知不确定的利益关系人限期申报权利，逾期未申报者，则权利失效，而通过法院通过除权判决宣告所丧失的票据无效的制度称为(　　)。

A. 挂失止付 B. 公式催告 C. 普通诉讼 D. 民事诉讼

【答案】B

20. 根据《现金管理暂行条例》的规定，现金开支应符合有关规定。下列各项支出中，不得以现金支付的业务是(　　)。

A. 颁发给个人的科技奖金100 000元

B. 对困难职工的生活补助 2 000 元

C. 企业购入辅助材料支付现金 2 000 元

D. 购买办公用品支付现金 900 元

【答案】C

【解析】支付给个人的款项均可使用现金支付，但各单位之间的购销业务满 1 000 元的应当通过转账结算，故选项 C 正确。

二、多选题

1. 汇票是出票人签发的、委托付款人在见票时或者在指定日期无条件支付确定的金额给收款人或持票人的票据。其汇票的基本当事人有(　　)。

A. 签发票据的人　　B. 无条件支付票据金额的人

C. 收款人　　D. 保证人

【答案】ABC

【解析】汇票和支票的基本当事人有出票人、付款人、收款人。选项 A 是出票人的表述，选项 B 是付款人的表述。

2. 信用卡是指商业银行向个人和单位发行的，凭以向特约单位购物、消费和向银行存取现金，且具有消费信用的特制载体卡片。下列各项属于信用卡基本当事人的有(　　)。

A. 银行　　B. 持卡人　　C. 发卡单位　　D. 商户

【答案】ABD

【解析】信用卡的基本当事人有银行、持卡人和商户。

3. 按照现金管理的有关规定，下列表述中正确的有(　　)。

A. 转账凭证在经济往来中具有同现金相同的支付能力

B. 一个单位在几家银行开户的，只能在基本存款账户的银行办理现金的支取

C. 开户单位在销售活动中为了尽快收回货款，应给予使用现金结算比转账结算更为优惠的待遇

D. 不得用转账凭证套换现金，不得随意坐支现金或超范围使用现金

【答案】AB

4. 存款人应加强对预留银行签章的管理，单位遗失预留公章或财务专用章的，应向开户银行出具的相关证明资料包括(　　)。

A. 书面申请　　B. 开户登记证

C. 营业执照　　D. 责任人个人身份证

【答案】ABC

5. 银行卡按照币种的不同可以分为(　　)。

A. 人民币卡　　B. 外币卡　　C. 双币种卡　　D. 金卡

【答案】ABC

6. 根据规定，支付结算应遵循的原则有(　　)。

A. 恪守信用，履约付款　　B. 谁的钱进谁的账，谁的钱由谁支配

C. 不得签发空头支票　　D. 银行不垫款

【答案】ABD

7. 票据和结算凭证的(　　)不得更改，更改后的票据无效。

A. 出票金额　　B. 出票日期　　C. 付款人名称　　D. 收款人名称

【答案】ABD

8. 下列关于银行汇票的表述，正确的有(　　)。

A. 银行汇票的提示付款期自出票之日起 1 个月

B. 标明“现金”字样的银行汇票可以提现

C. 标明“现金”字样的银行汇票丧失可以挂失支付

D. 申请人或收款人为单位的，不得申请签发现金银行汇票

【答案】ABCD

9. 支票的“绝对记载事项”包括的内容有(　　)。

A. 确定的金额　　B. 标明“支票“字样

C. 出票人签章　　D. 出票日期

【答案】ABCD

10. 下列关于签发现金支票的表述，正确的有(　　)。

A. 支票正联的出票日期必须使用中文大写；支票存根可以小写

B. 本单位提取现金时，在“收款单位名称”处应填写本单位全称

C. 如实填写提现用途，支票的正联和存根联必须保持一致

D. 支票签章应与预留银行印鉴一致

【答案】ABCD

三、判断题

1. “现金支票”只限于本单位提取现金时使用，不得办理转账结算。(　　)

【答案】√

2. 填写票据和结算凭证时，如果大写金额数字书写中使用繁体字，理应受理。(　　)

【答案】√

3. 个体工商户凭营业执照以及字号或经营者姓名开立的银行结算账户纳入个人银行结算账户。(　　)

【答案】×

【解析】应纳入单位银行结算账户管理。

4. 所谓汇兑的撤销，是指汇款人对汇出银行已经汇出的款项申请退回汇款的行为。( )

【答案】×

【解析】汇兑的撤销是指汇款人对汇出银行尚未汇出的款项向银行申请撤销汇款的行为。上述表述是汇兑的退汇，故答案错误。

5. 开户银行对已开户1年、未发生任何业务的账户，应通知存款人自发出通知15日内到开户银行办理销户手续，逾期视同自愿销户。( )

【答案】×

【解析】正确答案为30日。

6. 必须记载事项是指明文规定必须记载的，如不记载票据即为无效的票据。( )

【答案】√

【解析】属于票据绝对记载事项的有：出票金额、出票及签发日期、收款人名称以及票据签章等。

7. 银行汇票的持票人向银行提示付款时，必须同时提交银行汇票和解讫通知，缺少任何一联，银行不予受理。( )

【答案】√

8. 票据责任是基于债务人特定的票据行为而应承担的义务，不具有制裁性质。票据义务主要包括收款义务和偿还义务。( )

【答案】×

【解析】主要包括付款义务和偿还义务。

9. 银行汇票仅限于单位和个人在同城或同一票据交换区域的各种款项结算。( )

【答案】×

【解析】使用范围同城、异地均可。

10. 单位银行结算账户的存款人只能在银行开立一个基本存款账户。( )

【答案】√

11. 支票的金额、收款人的名称，可以经出票人授权补记，未补记前不得背书转让。( )

【答案】√

12. 商业汇票的背书不得附有条件。背书时附有条件的，所附条件不具有汇票上的效力。( )

【答案】√

13. 个人使用的信用卡销户时，可以转账结清，也可以提取现金。( )

【答案】√

14. 如出票人在汇票上记载“不得转让”字样的，汇票不得转让。这一事项属于绝对记载事项。( )

【答案】×

【解析】不记不生效，记则生效；这属于任意记载事项。

15. 支付结算是一种要式行为。所谓要式行为是指法律规定必须按照一定形式进行的行为。所以，未使用中国人民银行统一规定格式的结算凭证，银行不予受理。(　　)

【答案】√

16. 银行汇票、银行本票和支票是见票即付的票据，而商业汇票则是在指定日期无条件支付确定金额给收款人或持票人的票据。(　　)

【答案】√

17. 背书是指在票据背面或者粘单上记载有关事项并签章的票据行为。如果出票人在汇票上记载“不得转让”字样的，汇票不得转让。这一记载事项属于票据的任意记载事项。(　　)

【答案】√

18. 信用卡的透支利息，按最后期限或最高透支额的最高利率档次分段计息。(　　)

【答案】×

【解析】信用卡的透支利息不分段计算。

19. 汇票和支票的基本当事人有3个，分别是出票人、付款人和收款人。而本票的基本当事人只有出票人和收款人。(　　)

【答案】√

20. 根据规定，商业汇票既可以由付款人签发，也可以由收款人签发。但均由付款人承兑。(　　)

【答案】√

第三章　税收征收管理法律制度

◉基本要求与考点提示

1. 了解税收的概念及其分类
2. 了解税法及其构成要素
3. 熟悉税收征管的具体规定，包括税务登记管理、开具发票的要求、纳税申报及方式、税收征收方式等规定
4. 掌握增值税、营业税、消费税、企业所得税和个人所得税的相关原理及应纳税额的计算
5. 掌握营业税改征增值税试点方案的具体政策

第一节　税收概述

一、税收的概念与分类

(一)税收的概念与作用

1. 税收的概念

税收，是国家为了满足一般的共同需要，凭借政治权力，按照国家法律规定的标准，强制的、无偿取得财政收入的一种分配方式。

2. 税收的作用

税收的作用主要表现在以下几个方面：

(1)税收是国家组织财政收入的主要形式和工具；

(2)税收是国家调控经济运行的重要手段；

(3)税收具有维护国家政权的作用；

(4)税收是国际经济交往中维护国家利益的可靠保证。

【说明】税收分配不是按照等价原则和所有权原则分配的，而是凭借政治权力对物质利益进行调节，从而达到维护和巩固国家政权的目的。

(二)税收的特征

税收与其他财政收入形式相比，具有强制性、无偿性和固定性三个特征。

【提示】无偿性是税收“三性”的核心。即国家取得税收收入既不需要偿还，也不需要对纳税人付出任何代价。

【例题3-1·多选题】税收，是国家为了满足一般的共同需要，凭借政治权力，按照国家法律规定的标准，取得财政收入的一种分配方式。税收的特征有(　　)。

A. 强制性　　B. 无偿性　　C. 固定性　　D. 合法性

【答案】ABC

【例题3-2·判断题】国家取得税收收入既不需要偿还，也不需要对纳税人付出任何代价，体现了税收的“无偿性”，它是税收三性的核心。(　　)

【答案】√

【例题3-3·多选题】下列各项中，关于税收的作用，表述正确的有(　　)。

A. 税收是国家组织财政收入的主要形式和工具

B. 税收是国家调控经济运行的重要手段

C. 税收具有维护国家政权的作用

D. 税收是国际经济交往中维护国家利益的可靠保证

【答案】ABCD

(三)税收的分类(注意多选题)

1. 按征税对象分类

(1)流转税类。包括增值税、营业税、消费税、关税。

(2)所得税类。亦称为收益税，包括企业所得税、个人所得税。

(3)财产税类。包括房产税、契税、车船税、船舶吨税等。

(4)资源税类。包括资源税、城镇土地增值税等。

(5)行为税类。包括印花税、城市维护建设税等。

2. 按征收管理的分工体系分类

(1)工商税类。简单地说，凡是通过工商注册后进行经营的各项应交的税金均为工商税类。

(2)关税类。关税不包括由海关代征的进口环节增值税、消费税和船舶吨税。

3. 按税收征收权限和收入支配权限分类

(1)中央税。如关税、消费税和海关代征的进口环节增值税。

(2)地方税。如房产税、车船税、土地增值税、城镇土地使用税、契税等。

(3)中央与地方共享税。如增值税、印花税、资源税等。

4. 按计税标准不同分类

(1) 从价税：以征税对象的价格为计税依据征税。例如增值税、营业税、企业所得税、个人所得税、房产税等税种。

（2）从量税：以征税对象的数量、重量、体积等作为计税依据。例如资源税、车船税、土地使用税、消费税中的黄酒和啤酒等。

（3）复合税：既征收从价税又征收从量税。例如消费税中对卷烟和白酒采用复合计税。

【例题3－4·多选题】下列各项中，既属于流转税又属于中央税的税种有（ ）。

A. 增值税　B. 消费税　C. 营业税　D. 关税

【答案】BD

【例题3－5·多选题】下列各项中，属于中央与地方共享税的有（ ）。

A. 关税　B. 资源税　C. 增值税　D. 印花税

【答案】BCD

【解析】选项A关税属于中央税。

【例题3－6·单选题】按照计税标准不同分类，以征税对象的数量、重量、体积等作为计税依据的属于（ ）。

A. 从价税　B. 复合税　C. 从量税　D. 工商税

【答案】C

【例题3－7·单选题】税收收入由中央和地方政府按比例分享的税收属于（ ）。

A. 中央税　B. 地方税

C. 中央与地方共享税　D. 复合税

【答案】C

【例题3－8·判断题】我国对卷烟和白酒征收消费税，采用复合计税征收方式。（ ）

【答案】√

二、税法及构成要素

（一）税法的概念

税法是指税收法律制度，是国家权力机关和行政机关制定的用以调整国家与纳税人之间在税收征纳方面的权力与义务关系的法律规范的总称，是国家法律的重要组成部分。

（二）税法的分类

1. 按税法的功能作用不同分类

（1）税收实体法，如《企业所得税法》和《个人所得税法》。

（2）税收程序法，如《税收管理法》《纳税程序法》《发票管理法》《税务机关组织法》《税务争议处理法等》。

2. 按照主权国家行使税收管辖权的不同分类

按照主权国家行使税收管辖权的不同可分为国内税法、国际税法、外国税法。

3. 按税法法律级次不同分类

按税法法律级次不同分为税收法律、税收行政法规、税收行政规章和税收规范性文件。

(1)税收法律，由全国人大及其常委会制定，其法律地位仅次于宪法，属于税收法律的有《中华人民共和国个人所得税法》《中华人民共和国企业所得税法》和《中华人民共和国税收征收管理法》等。

(2)税收法规，由国务院根据宪法和税收法律制定，其法律地位低于税收法律高于税收规章。

(3)税收规章，由财政部、国家税务总局、海关总署及地方政府制定的有关税收的办法、规则、规定。如《税务行政复议规则》《税务代理试行办法》等。

【提示】一般情况下，税收规章不作为税收司法的直接依据，而只具有参考性的效力。

(4)税收规范性文件，是县级以上税务机关依照法定职权和规定程序制定并公布的文件。

【例题3－9·多选题】下列各项中，属于税收程序法的有(　　)。

A.《税收征收管理法》　　B.《企业所得税法》

C.《发票管理办法》　　D.《个人所得税法》

【答案】AC

【解析】《企业所得税法》和《个人所得税法》属于税收实体法。

【例题3－10·多选题】国际税法是指两个或两个以上的课税权主体对跨国纳税人的跨国所得或财产征税形成的分配关系，并由此形成国与国之间的税收分配形式，国际税法主要包括双边或多边国家间的(　　)。

A. 税收协定　　B. 协定

C. 国际惯例　　D. 外国税收法律制度

【答案】ABC

【解析】选项D属于外国税法，不作为国际法使用。

【例题3－11·多选题】下列各项中，属于税收法律的有(　　)。

A.《企业所得税法》　　B.《个人所得税法》

C.《税收征收管理法》　　D.《预算法》

【答案】ABC

【例题3－12·单选题】下列关于税法级次的表述，正确的是(　　)。

A. 税收法律 > 税收行政法规 > 税收行政规章和税收规范性文件
B. 税收行政法规 > 税收法律 > 税收行政规章和税收规范性文件
C. 税收法律 > 税收行政规章和税收规范性文件 > 税收行政法规
D. 税收行政规章和税收规范性文件 > 税收法律 > 税收行政法规
【答案】A

(三)税法的构成要素(考点)

税法的构成要素包括：征税人、纳税义务人、征税对象、税目、税率、计税依据、纳税环节、纳税期限、纳税地点、起征点、免征额等。

(1)征税人。能代表国家行使征税权的征税机关，包括各级税务机关、财政机关和海关。

(2)纳税义务人。也称纳税主体。

【说明】纳税人与负税人是两个既有联系又有区别的概念。纳税人是依法缴纳税收的人，而负税人是税收的实际负担者。纳税人如果能够通过一定的途径把税款转嫁出去，纳税人就不再是负税人。例如购买高档化妆品的消费者，其支付的购买价款中含有消费税，这里消费者是真正的负税人，而商家是纳税义务人。

(3)征税对象。又称征税客体、课税对象。征税对象是税法的最基本要素。

【说明】比如：个人所得税的征税对象是个人收入中超过免征额以上的部分。营业税的征税对象就是营业额。

(4)税目。税目是征税对象的具体化。好比是会计科目，是会计对象的具体化。

【说明】例如在个人所得税税种下，有的按“工资薪金所得”缴纳个人所得税，有的按“劳务报酬所得”缴纳个人所得税，还有的按“稿酬所得”缴纳个人所得税等。

(5)税率。税率是对征税对象的征收比例或征收额度。税率是税法的核心要素，也是衡量税负轻重与否的重要标志。(单选题、判断题)

【例题3-13·单选题】下列各项中，(　　)是区分不同税种的主要标志。
A. 纳税人　　B. 税目　　C. 征税对象　　D. 税率
【答案】C
【解析】例如增值税是按照销售货物等产生的增值额作为征税对象；企业所得税是按照企业应纳税所得额作为征税对象等。

【例题3-14·单选题】下列各项中，(　　)是税法的核心要素，也是衡量税负轻重与否的重要标志。

A. 税目　　B. 税率　　C. 税种　　D. 课税对象

【答案】B

【例题3-15·多选题】下列各项中，属于中央税税种的有(　　)。

A. 营业税　　B. 增值税　　C. 关税　　D. 消费税

【答案】CD

【解析】选项A是地方税；选项B属于中央地方共享税。

第二节　主要税种

一、增值税

(一)增值税的概念与分类

1. 增值税的概念

增值税是以商品(含应税劳务)在流转过程中产生的增值额作为计税依据而征收的一种流转税。

2. 增值税的分类

按照外购固定资产处理方式的不同，可以将增值税划分为生产型增值税、收入型增值税和消费型增值税。

(1)生产型增值税。特点：外购的固定资产支付的增值税计入固定资产价值。

(2)收入型增值税。特点：允许纳税人将折旧部分在计算增值税时扣除。

(3)消费型增值税。特点：允许纳税人将外购固定资产的增值税一次性扣除。

(二)增值税纳税人的有关规定

1. 增值税一般纳税人的认定(考点)

(1)一般纳税人是指年应征增值税销售额超过《增值税暂行条例实施细则》规定的小规模纳税人标准的企业和企业性单位。一般纳税人和小规模纳税人的划分标准如表所示。

经营项目	年应税销售额	增值税纳税人类型
从事货物生产、提供应税劳务以及兼营货物批发、零售的纳税人	在50万元(含)以下	小规模纳税人
	超过50万元以上的	一般纳税人
以零售为主的增值税纳税人	在80万元(含)以下	小规模纳税人
	超过80万元以上的	一般纳税人

(2)企业申请办理增值税一般纳税人认定手续，应当向主管税务机关提出申请报告，并提供以下有关证件：营业执照、有关合同、章程、协议书、银行账号证明等。

(3)主管税务机关在初步审核企业的申请报告和有关资料后，发给企业《增值税一般纳税人申请认定表》，企业应当如实填写。

(4)一般纳税人认定的审批权限在县级以上税务机关。负责审批的税务机关应在收到增值税一般纳税人申请认定表之日起30日内审核完毕。

(5)经审核获得增值税一般纳税人资格的，税务机关在纳税人税务登记证副本首页上方加盖“增值税一般纳税人”确认专章，作为领购增值税专用发票的证件。

2. 下列纳税人不属于增值税一般纳税人

(1)年应税销售额未超过小规模纳税人的；

(2)非企业性单位；

(3)不经常发生增值税应税行为的企业；

(4)全部销售免税货物的企业。

【例题3－16·多选题】企业申请办理增值税一般纳税人认定手续，应当向税务机关提供的有关证件有(　　)。

A. 营业执照　　B.《增值税一般纳税人申请认定表》

C. 银行账号证明　　D. 有关合同、章程、协议书

【答案】ACD

【解析】选项B《增值税一般纳税人申请认定表》不属于企业提供的，是税务机关在初步审核企业的申请报告和有关资料后发给企业填写的。选项ACD是由企业提供的。

【例题3－17·多选题】根据增值税法律制度，增值税的征税范围一般包括(　　)。

A. 销售及进口货物　　B. 销售不动产

C. 提供加工、修理修配劳务　　D. 销售代销货物

【答案】ACD

【解析】选项B是营业税征税范围。传统的增值税征税范围包括销售货物(含销售代销货物)；提供加工、修理修配劳务以及进口货物。由于实行了营业税改征增值税，增值税的征税范围还包括提供应税服务，例如交通运输业已经全面“营改增”、部分现代服务业(例如信息技术服务、文化创意服务、有形动产租赁服务等)。这里所说的货物是指有形动产，包括电力、热力、气体在内。特别值得注意的是：销售不动产(建筑物)不属于增值税应税范围，目前是营业税征税范围。

(三)增值税的征税范围

1. 征税范围的基本规定

(1)销售或者进口货物。

货物是指有形动产，包括电力、热力、气体在内。销售货物是指有偿转让货物的所有权。

【例题3－18·多选题】下列各项中，可以认定为增值税应税范围中“货物”的有（　　）。

A. 电力　　B. 热力　　C. 天然气　　D. 建筑物

【答案】ABC

【解析】本题应当重点关注“有形动产”关键字，建筑物是不动产。

（2）提供加工、修理修配劳务。

提供加工修理修配劳务一般属于工业性劳务，如汽车修理、机器制造等。

【提示】加工修理修配劳务区别于营业税中的服务业劳务和消费税中的委托加工劳务。从考试的角度请考生关注不同税种各自的特点。

【例题3－19·多选题】下列各项中，属于增值税中所说的加工、修理修配劳务的有（　　）。

A. 汽车修理　　B. 机器制造

C. 房屋装饰　　D. 为本单位提供机床维修

【答案】AB

【解析】增值税征税范围中所说的加工、修理修配劳务属于工业性劳务，故选项AB正确。选项C不属于工业劳务，是现有营业税的征税范围，选项D虽然属于工业性劳务，但是单位或个体经营者聘用的员工为本单位或为雇主提供的加工、修理修配劳务不是增值税征税项目。

（3）提供的应税服务。

提供应税服务是指有偿提供应税服务，但不包括非营业活动中提供的应税服务。应税服务是指：陆路运输服务、水路运输服务、航空运输服务、管道运输服务、邮政普通（特殊、其他）服务、研发和技术服务、信息技术服务、文化创意服务、物流辅助服务、有形动产租赁服务、鉴证咨询服务、广播影视服务等。

2. 应税服务的具体内容

（1）交通运输业。包括陆路运输服务、水路运输服务、航空运输服务、管道运输服务。

（2）邮政业。包括邮政普通服务、邮政特殊服务和其他邮政服务。

（3）部分现代服务业。包括研发和技术服务、信息技术服务、文化创意服务、物流辅助服务、有形动产租赁服务、鉴证咨询服务、广播影视服务。

【例题3－20·单选题】邮政业，是指中国邮政集团公司及其所属邮政行业提供邮件寄递、邮政汇兑、机要通信和邮政代理等邮政基本服务的业务活动。下列各项中不属于邮政业务活动的有（　　）。

A. 邮政储蓄业务　　B. 邮政特殊服务

C. 邮件寄递　　D. 邮政汇兑

【答案】A

【解析】邮政储蓄业务按照金融、保险业税目征收营业税，是营业税的应税服务。

3. 增值税征收范围的特殊规定

【例题3－21·多选题】单位或者个体经营者的下列行为，应视同销售货物（　　）。

A. 将货物交付其他单位或者个人代销

B. 销售代销货物

C. 将自产、委托加工的货物用于集体福利或个人消费

D. 将自产、委托加工或购进的货物用于投资、分配给股东，或无偿赠送他人

【答案】ABCD

【解析】增值税是以增值额作为计税依据的，从以上不同的业务看，有的并没有销售额，但是由于商品改变了用途，按照税法的规定应“视同销售”，也应当缴纳增值税。

【例题3－22·判断题】某公司分别设有两个以上的分支机构并实行统一核算的纳税人，将货物从一个分支机构移送到本市其他分支机构用于销售，也应视同销售。（　　）

【答案】×

【解析】在同一县（市）的不属于视同销售，如果不在同一县（市）应当视同销售。在同一县（市）的，以实际的销售额确认销售的实现。

【例题3－23·判断题】以本企业自产、委托加工的货物用于本单位内设的食堂、幼儿园，或者以福利、奖励、津贴等形式发放给职工个人的物品，应当视同销售，按规定缴纳增值税。（　　）

【答案】√

【例题3－24·判断题】以公益活动为目的或者以社会公众为对象，无偿提供交通运输服务或者部分现代服务业服务，不属于提供应税服务，故不需缴纳增值税。（　　）

【答案】√

【解析】但是向其他单位或者个人无偿提供交通运输业和部分现代服务业服务的，视同提供应税服务，应当缴纳增值税。这里主要关注接受服务的对象是否是公益活动。

（四）增值税的纳税人及其税款的计算

增值税纳税人可分为一般纳税人和小规模纳税人。

（1）一般纳税人。基本税率为17%，低税率为13 %。税款的计算如下：

当期应纳增值税税额＝当期销项税额－当期进项税额

【特点】增值税一般纳税人单位可开具、使用增值税专用发票。应纳增值税税款的计算实行凭增值税专用发票对进项税额予以抵扣的办法。但不是所有的进项税额都可以抵扣。如由于管理不善造成意外损失的进项税额不得抵扣。

（2）小规模纳税人。增值税征收率为3%，没有进项税额抵扣权，不得开具、使用增

值税专用发票。在会计核算中没有明细科目。

应纳增值税额 = 不含税销售额 × 增值税征收率

【例题 3 – 25 · 多选题】下列纳税人中，属于增值税小规模纳税人的有(　　)。

A. 年应税销售额在 50 万元以下的

B. 非企业性单位

C. 偶尔发生增值税应税行为的企业

D. 年应税销售额在 50 万元以上且会计核算健全的个体经营者

【答案】ABC

【解析】年应税销售额在 50 万元以下的为小规模纳税人单位，非企业性单位、不经常发生增值税应税行为的企业均不认定为一般纳税人。选项 D 个体经营者年销售额超过 50 万元、会计核算健全的小规模纳税人在开业后的次年 1 月底前可以申请办理一般纳税人认定手续，经税务机关审核认定，可以成为一般纳税人。

【例题 3 – 26 · 判断题】增值税纳税人，一经认定为一般纳税人后，不得转为小规模纳税人。(　　)

【答案】×

【解析】原文是："除国家税务总局另有规定外，一经认定为一般纳税人后，不得转为小规模纳税人"。如果税务总局对特殊情况有特殊政策的不在此规定之内。

【例题 3 – 27 · 判断题】在境外设立的单位或者个人在我国境内提供增值税应税服务，但在我国境内未设立经营机构的，以其在我国境内的代理人作为增值税的扣缴义务人。(　　)

【答案】√

【例题 3 – 28 · 判断题】在境外设立的单位或者个人在我国境内提供增值税应税服务，但在我国境内未设立经营机构也没有代理人的，应以接受服务方作为增值税扣缴义务人。(　　)

【答案】√

【例题 3 – 29 · 多选题】可以按 13% 低税率征收增值税的货物有(　　)。

A. 图书、报纸、杂志　　B. 饲料、化肥、农药

C. 农机零部件　　D. 食用植物油、天然气等

【答案】ABD

【解析】可以按低税率 13% 征收增值税的货物一般和居民生活关系密切，和农业生产有关，但是不包括农机零部件。

【例题 3－30 · 多选题】下列各项中，一般适用“零”税率的应税货物和应税服务有（　　）。

A. 出口货物
B. 向境外提供的研发服务
C. 国际运输服务
D. 向境外提供的设计服务

【答案】ABCD

【例题 3－31 · 判断题】纳税人提供的应税服务涉及不同税率或者不同征收率的，为了简化会计核算，可以以平均税率核算应纳税额。（　　）

【答案】×

【解析】纳税人提供不同税率（或者征收率）的应税服务，应当分别核算适用不同税率（或者征收率）的销售额，未分别核算的，从高适用税率。

【例题 3－32 · 多选题】我国增值税实行扣税法。一般纳税人凭增值税专用发票及其他合法扣税凭证注明的进项税额进行抵扣。下列公式中为一般纳税人应纳税额计算公式的是（　　）。

A. 应纳税额＝当期进项税额－当期销项税额
B. 应纳税额＝当期销项税额－当期进项税额
C. 应纳税额＝当期销售额×适用税－当期进项税额
D. 应纳税额＝销售额×征收率

【答案】BC

【解析】选项 D 为小规模纳税人应纳税额的计算公式。

【例题 3－33 · 计算题】某商店向消费者销售电视机，本月销售 100 台，每台含税销售价为 1 170 元，增值税税率为 17%。则某商场这个月的销售额和销项税额分别是多少？

【答案】

（1）不含税销售额＝（1 170×100）÷（1＋17%）＝100 000（元）。

（2）销项税额＝不含税销售额×增值税税率＝100 000×17%＝17 000（元）。

【提示】因为增值税是价外税，所以分母是（1＋税率）。增值税一般纳税人的税率为 17%。

【例题 3－34 · 计算题】某个体户开设的修车店，修理自行车、三轮车、摩托车，本月营业收入额为 50 880 元，该修车店这个月的销售额及应纳税额是多少？

【答案】

（1）销售额＝50 880÷（1＋3%）＝49 398.06（元）。

（2）应纳税额＝49 398.06×3%＝1 481.94（元）。

【例题 3－35 · 多选题】下列关于增值税小规模纳税人的表述，正确的有（　　）。

A. 小规模纳税人没有增值税进项税额的抵扣权

B. 小规模纳税人取得增值税专用发票，所注明的增值税进项税额计入采购货物成本

C. 小规模纳税人年应税销售额在50万元以上的就可以被认定为一般纳税人

D. 小规模纳税人在会计核算上不使用增值税的三级明细科目

【答案】ABD

【解析】选项C表述错误，小规模纳税人年应税销售额超过认定标准的，还必须具备会计核算健全，能够提供准确的税务资料的，可以申请一般纳税人资格认定，经税务机关审核后才成为一般纳税人。

(五)增值税的征收管理

【例题3－36·判断题】纳税人采用直接收款方式销售货物，不论是否发出货物，纳税义务的发生时间均为收到销售款或者取得索取销售款凭证的当天，如先开具发票后收取销售款的，在开具发票的当天确认纳税义务。(　　)

【答案】√

【例题3－37·判断题】采用托收承付、委托银行收款方式销售货物的，纳税义务的发生时间为办妥托收手续或发出货物的当天。(　　)

【答案】√

【例题3－38·单选题】采用委托代销方式销售货物时，未收到代销清单及货款的，纳税义务的确认时间是发出货物满(　　)天的当天。

A. 90　　B. 120　　C. 180　　D. 360

【答案】C

【例题3－39·判断题】纳税人将自产、委托加工或购进的货物用于集体福利、用于投资等视同销售行为，其纳税义务的发生时间为货物移送的当天。(　　)

【答案】√

【例题3－40·单选题】纳税人进口货物，纳税义务的发生时间为(　　)。

A. 双方签订合同的时间　　B. 报关进口的时间

C. 填写税收缴款书的时间　　D. 实际缴纳税款的时间

【答案】B

【例题3－41·判断题】增值税纳税人以1个月或者1个季度为1个纳税期的，自纳税期满之日起15日内申报纳税。(　　)

【答案】√

【例题3－42·判断题】固定业户到外县(市)销售货物或者提供应税劳务，应当向其机

构所在地主管税务机关申请开具《外出经营活动税收管理证明》(简称《外管证》)，并向其机构所在地主管税务机关申报纳税。未开具该证明的，应当向销售地或者劳务发生地的主管税务机关申报纳税。( )

【答案】√

【解析】如果固定业户没有开具《外出经营活动税收管理证明》在异地经营，当地的税务机关会要求纳税人在当地纳税，有《外出经营活动税收管理证明》说明税款不会流失。

【例题3-43·判断题】对于非固定业户销售货物或者提供应税劳务，应当向销售地或者劳务发生地的主管税务机关申报纳税。( )

【答案】√

【解析】非固定业户具有流动性，在哪里销售货物或者提供劳务就在哪里纳税。

二、营业税(考点)

营业税是对在我国境内提供应税劳务、转让无形资产或销售不动产的单位和个人，就其取得的营业额征收的一种税。

(1)营业税纳税人。

营业税的纳税人是指在中华人民共和国境内提供应税劳务、转让无形资产或者销售不动产的单位和个人。

【提示】在营业税的概念里"境内"的含义是：①提供或者接受应税劳务的单位或者个人在我国境内；②所销售或出租的不动产在我国境内；③接受无形资产转让的单位和个人在我国境内；④所设立的机构在我国境内等；都是目前营业税的纳税人。

【例题3-44·判断题】境外单位和个人在境内提供应税劳务、转让无形资产或者销售不动产的，在境内没有经营机构也没有代理人的，以受让方或购买方为营业税的扣缴义务人。( )

【答案】√

【提示】如为增值税，以受让方作为扣缴义务人，如为营业税，以受让方或购买方作为扣缴义务人，这点请考生注意区别。

在营业税概念里谈到“境内”，境内是指：或者提供的劳务在境内，或者销售的货物在境内，或者机构在境内。都是营业税的纳税义务人。

(2)营业税税目。

现行营业税的税率按照行业、类别的不同主要有：建筑业、文化体育业、销售不动产、转让无形资产、娱乐业、金融保险业、文化体育业，等等。原交通运输业已全面“营改增”。

(3)营业税税率。

营业税税率按行业实行有差别的比例税率，从3%、5%、5%~20%不等。

(4)营业税应纳税额。

营业税以纳税人的营业额为计税依据。其应纳税额的计税公式为：

$$应纳营业税税额=营业额\times税率$$

【提示】这里的营业额为纳税人提供应税劳务、转让无形资产或销售不动产向对方收取的全部价款和价外费用。其中价外费用包括手续费、补贴、基金、集资费、返还的利润等。

【例题3-45·判断题】纳税人发生应税行为，如果将价款与折扣额在同一张发票上注明的，以折扣后的价款为营业额；如果将折扣额另开发票的，不论其在财务上如何处理均不得从营业额中扣除。(　　)

【答案】√

【提示】实际工作中这是合理避税的地方。尽量把折扣额和价款开在同一张发票上。

【例题3-46·单选题】由(　　)印制的财政票据为合法票据。

A. 县级以上财政部门　　B. 国税总局

C. 省级以上财政部门　　D. 地方税务机关

【答案】C

(5)纳税人提供应税劳务、转让无形资产、销售不动产的价格明显偏低又无正当理由的，或者视同发生应税行为而无营业额的，按下列顺序确定其营业额。

①按纳税人最近时期发生的同类应税行为的平均价格核定；

②按其他纳税人最近时期发生的同类应税行为的平均价格核定；

③营业额按下列公式核定：

$$营业额=营业成本(或工程成本)\times(1+成本利润率)\div(1-营业税税率)$$

【提示】

(1)营业税是价内税，故营业额由三部分组成：营业成本+成本利润率+营业税税额

(2)公式中的成本率，由省、自治区、直辖市税务局确定，一般直接给出。

(3)由于营业税是价内税，故用(1-营业税税率)。

【例题3-47·计算题】水晶宫酒店2009年5月发生下列经济业务：

(1)歌舞厅总收入85 000元，(2)客房部收入100 000元。

营业税税率：歌舞厅一律为20%，客房税率为5%。进行营业税的计算：

85 000×20%+100 000×5%=17 000+5 000=22 000(元)。

【提示】歌舞厅总收入中包括的具体收入有：歌舞厅门票收入、台位费收入、烟酒费收入等。

【例题 3-48·多选题】纳税人的(　　)业务，采用预收款方式的，其纳税义务的发生时间为收到预收款的当天。

A. 转让土地使用权　　B. 销售不动产

C. 提供建筑业劳务　　D. 租赁

【答案】ABCD

【例题 3-49·判断题】纳税人自建建筑物自用不交营业税，自建建筑物销售的，自建建筑按建筑业税率交税，销售时按照销售不动产税率交税，纳税义务的发生时间为销售自建建筑物并收讫营业收入款项或者取得索取营业收入款项票据的当天。(　　)

【答案】√

【例题 3-50·判断题】纳税人提供建筑业应税劳务的，应向应税劳务发生地主管税务机关申报纳税。(　　)

【答案】√

【例题 3-51·判断题】纳税人提供应税劳务、转让无形资产，应当向其机构所在地主管税务机关申报纳税。(　　)

【答案】√

【例题 3-52·判断题】纳税人出租、转让土地使用权，应当向土地所在地主管税务机关申报纳税。(　　)

【答案】√

【例题 3-53·判断题】纳税人出租、销售不动产，应当向不动产所在地主管税务机关申报纳税。(　　)

【答案】√

【提示】增值税的纳税期限分别为 1 日、3 日、5 日、10 日、15 日、一个月、一个季度，而营业税的纳税期限分别为 5 日、10 日、15 日、一个月和一个季度。

【例题 3-54·多选题】下列各项中，对当期应交的营业税税额没有影响的是(　　)。

A. 应税营业额　　B. 销售人员的工资

C. 销售成本　　D. 销售产品的宣传费用

【答案】BCD

【解析】有些新同学在计算营业额时经常会扣除人工成本等，这是错误的，不管是开票收入还是不开票收入都是缴纳营业税的依据，只有在计算企业所得税时存在收入减除成本的问题，在计算增值税、消费税和营业税时，均不扣减发生的人工成本、营业成本以及折旧费用等。

三、消费税

(一)消费税的概念

消费税是对在我国境内从事生产、委托加工和进口应税消费品的单位和个人征收的一种流转税，是对特定的消费品和消费行为在特定的环节征收的一种流转税。

【例题3－55·多选题】下列各项中，属于消费税应税行为的有(　　)。

A. 加工修理修配劳务　　B. 委托加工应税消费品

C. 生产应税消费品　　D. 批发零售应税消费品

【答案】BCD

【解析】选项A是增值税应税行为。

(二)消费税的征税范围

1. 生产应税消费品

生产应税消费品在生产销售环节征税。

【例题3－56·多选题】纳税人将生产的应税消费品用于(　　)用途的应当缴纳消费税。

A. 换取生产资料　　B. 投资入股

C. 偿还债务　　D. 继续生产应税消费品

【答案】ABC

【解析】用生产的应税消费品继续生产应税消费品的，在最后的销售环节缴纳消费税，如为一般纳税人，消费税也可以抵扣，消费税的一个特点是只在特定的环节征收一次。为了考生便于记忆，请记住生产环节缴纳消费税的有“换、投、抵债”。

2. 委托加工应税消费品

委托加工应税消费品是指委托方提供原料和主要材料，受托方只收取加工费和代垫部分辅助材料加工的应税消费品。由受托方提供原材料或其他情形的一律不能视同加工应税消费品。

【例题3－57·判断题】企业采取“委托加工”应税消费品时，原材料必须由委托方提供，受托方只收取加工费及代垫部分辅助材料费用，否则不能视同“委托加工”应税消费品。(　　)

【答案】√

【例题3－58·判断题】甲企业接受乙企业的委托，采购一批应税消费品的材料，并按乙企业的设计进行加工，按照消费税管理的规定，这不属于“委托加工”应税消费品。(　　)

【答案】√

【解析】委托加工应税消费品的原材料，必须是委托方提供的，否则不视同委托加工应税消费品。说的直接一点，受托方接受“来料加工”且是应税消费品的，才是委托方的“委托加工”应税消费品。

【例题3-59·多选题】甲公司所在地在北京市，将一批纯金材料委托位于天津的乙公司进行金饰品的加工，甲公司和乙公司均为一般纳税人单位，加工完成后，该应税消费品应交的消费税应当如何缴纳？下列表述正确的有(　　)。

A. 应当由甲公司缴纳　　B. 应当由乙公司缴纳

C. 应当在北京缴纳　　D. 应当在天津缴纳

【答案】BD

【解析】该消费税应当由乙公司在向甲公司交货时，将应当缴纳的消费税代扣并代缴，由乙公司在机构所在地(天津)缴纳，这是为了从加工源头控制税款，但是受托方如为“个人”的，则由委托方收回应税消费品后在委托方机构所在地的主管税务机关缴纳。

【例题3-60·判断题】委托加工的应税消费品，委托方收回后连续生产应税消费品的，受托方代扣代缴的消费税准予按规定抵扣。(　　)

【答案】√

【解析】为了便于理解，举例说明：甲公司将一批金质材料委托乙公司加工成戒指，这时应税消费品应当缴纳消费税，由乙公司代扣代缴，甲公司收回加工后的戒指需要继续加工，在戒指上镶钻石后成为商品，在销售镶钻戒指时，已经由乙公司代扣代缴的消费税甲公司可以按规定抵扣。

【例题3-61·判断题】委托加工的应税消费品，委托方收回后以不高于受托方计税价格直接出售的不再缴纳消费税。(　　)

【答案】√

【解析】委托方收回后以高于受托方计税价格出售的，不属于直接出售，需要按规定申报缴纳消费税。已经代扣代缴的部分可以抵扣。

3. 进口应税消费品

单位和个人进口应税消费品(如10 000元以上的高档手表等)，于报关进口时由海关代征消费税。

4. 批发、零售应税消费品

经国务院批准，自1995年1月1日起，金银首饰消费税由生产销售环节征收改为零售环节征收。

【例题3-62·判断题】金银首饰连同包装物一起销售的，无论包装物是否单独计价，

也无论在会计上如何核算，均应并入金银首饰的销售额计征消费税。(　　)

【答案】√

【例题3－63·判断题】甲公司委托乙公司加工一批金镶玉的首饰，乙公司因为初次加工金镶玉饰品没有此类饰品的销售价格，甲公司对该批金镶玉饰品应当按照组成计税价格计算缴纳消费税。(　　)

【答案】√

【解析】带料加工的金银首饰，应按受托方销售的同类金银首饰的销售价格确定计税依据征收消费税。没有同类金银饰品销售价格的，按照组成计税价格计算纳税。

【例题3－64·单选题】公民黄某将原有的一串金项链到莱百商场进行以旧换新，旧项链净重15克，新项链净重20克，金价每克单价不含增值税300元，另外支付加工费200元，黄某取得新项链后，莱百商场对该以旧换新业务确定的计税依据，下列计算正确的有(　　)。

A. 以300元×20＝6 000元作为计税依据

B. 以300元×5＝1 500元作为计税依据

C. 以300元×5＋200元＝1 700元作为计税依据

D. 以300元×20＋200元＝6 200元作为计税依据

【答案】C

【解析】纳税人采用以旧换新方式销售金银饰品的，应按实际收取的不含增值税的全部价款确定计税依据征收消费税，故选项C计算正确。

(三)消费税的纳税人

消费税的纳税人包括：

(1)生产、销售应税消费品(包括自用)以生产、销售的单位和个人为纳税人，生产者直接缴纳。

(2)委托加工的应税消费品，以委托方单位和个人为纳税人。委托加工后直接出售的，不再缴纳消费税。受托方如为单位的，由受托方代扣代缴，在其机构所在地主管税务机关缴纳。

(3)进口的应税消费品，以进口的单位和个人为纳税人。由海关代为征收。

(四)消费税的税目与税率

1. 消费税税目

我国消费税的税目共有14个。分别是：烟，酒及酒精，化妆品，贵重首饰及珠宝玉石，鞭炮、焰火，成品油，汽车轮胎，摩托车，小汽车，高尔夫球及球具，高档手表，游艇，木制一次性筷子，实木地板等。

【提示】

(1)调味酒不征收消费税;

(2)高档手表是指单价在10 000元以上的高档手表。

2. 消费税税率

(1)税率形式:比例税率、定额税率、复合税率。

(2)最高税率的应用:纳税人兼营不同税率的应当缴纳消费税的消费品,应分别核算不同税率应税消费品的销售额、销售数量。未分别核算销售额、销售数量,或成套销售不同税率的消费品的,按最高税率征税。

【提示】某纳税人为消费税的纳税人,经营项目有化妆品、金银首饰等,如化妆品的税率为30%,金银首饰的税率为5%,应当分别核算化妆品和金银饰品的销售额和销售数量,如未分别核算的,按最高税率30%税率征收消费税。

(五)消费税应纳税额

1. 从价定率计征

采用从价定率方法,消费税应纳税额的计算取决于应税消费品的销售额和适用税率,计算公式如下:

应纳消费税税额=应税消费品的销售额×比例税率

【例题3-65·多选题】在采用从价定率方法计算消费税应纳税额时,税额的大小取决的因素有(　　)。

A. 销售额的大小　　B. 销售量的大小

C. 税率的高低　　D. 单位税额的高低

【答案】AC

2. 含增值税销售额的换算

如果纳税人应税消费品的销售额中含有增值税,在计算消费税时,应将含有增值税的销售额换算成不含增值税税款的销售额。换算公式如下:

应税消费品的销售额=含增值税的销售额÷(1+增值税税率或征收率)

【例题3-66·计算题】某汽车制造公司为增值税一般纳税人。该公司发生以下业务:(1)销售自产小汽车50辆,取得汽车价款(不含增值税)550万元。另外,向购买方收取价外费用5万元。(2)销售自产小汽车轮胎取得销售额(含增值税)58.50万元。要求计算:(1)销售小汽车应纳消费税税额。(2)销售小汽车轮胎应纳消费税税额。

【答案】

(1)销售小汽车应纳消费税税额=[550+5÷(1+17%)]×5%=27.71(万元)。

(2)销售小汽车轮胎应税消费税税额=[58.50÷(1+17%)]×3%=1.5(万元)。

3. 从量定额计征

从量定额征收，是指根据应税消费品的销售数量和单位税额计算应纳消费税的一种方法。计算公式为：

应纳税额 = 应税消费品的销售数量 × 单位税额

【例题 3－67·计算题】某酒厂销售科销售黄酒 120 吨，每吨 1 000 元，收取增值税 170 元；该酒厂门市部直接向外零售 40 吨，每吨 1 700 元（含税）；此外，企业发给职工每人 25 公斤，全厂职工共 2 00 人。求：该企业本月应纳消费税税额。（黄酒消费税 240 元/吨）

【答案】

(1) 求出销售数量及内部发放的合计数，即（120 + 40）+（0.025 × 200）= 165（吨）。

(2) 应纳消费税税额 = 销售数量 × 单位税额 = 165 × 240 = 39 600（元）。

【提示】该厂发放给职工的黄酒视同销售，故销售总数量为 165 吨。

4. 从价从量复合计征

从价定率和从量定额复合征收。复合计征计算方法是从价定率与从量定额相结合的一种计税方法。在我国，只有卷烟和白酒采用复合计征方法。计算公式为：

应纳消费税税额 = 销售额 × 比例税率 + 销售数量 × 定额税率

【提示】甲类卷烟消费税税率 56% + 0.003 元/支，乙类卷烟消费税税率为 36% + 0.003 元/支，白酒消费税税率为 20% + 0.5 元/500 毫升。

【例题 3－68·计算题】某酒厂为增值税一般纳税人。2014 年 4 月销售粮食白酒 4 000 千克，取得销售收入 14 040 元（含增值税）。如果粮食白酒消费税定额税率为 0.5 元/千克，比例税率为 20%。计算该酒厂 4 月应缴纳的消费税税额。

【答案】

(1) 将含有增值税的销售额换算成不含增值税的销售额。

(2) 以不含增值税的销售额 × 比例税率 + 销售数量 × 定额税率。

不含增值税销售额 = 14 040 ÷（1 + 17%）= 12 000（元）。

销售数量 = 4 000 千克。

应纳消费税税额 = 12 000 × 20% + 4 000 × 0.5 = 2 400 + 2 000 = 4 400（元）。

【提示】考试时税率会直接给出，不必死记硬背，按给出的税率计算即可。特别应当注意复合税的计算是由两部分组成的。

【例题 3－69·多选题】下列各项中，采用从价从量复合计算方法计算应纳消费税税额的商品有（　　）。

A. 高档化妆品　　　　B. 卷烟

C. 白酒　　　　D. 小汽车及汽车轮胎

【答案】BC

【例题 3－70·多选题】在采用从量定额计算方法下，应纳消费税税额的多少取决于应税消费品的(　　)。

A. 销售额　　B. 销售量　　C. 单位税额　　D. 比例税率

【答案】BC

5. 应税消费品已纳税款的扣除

(1)用外购的已经缴纳过消费税的应税消费品作为原料，连续生产、销售的应税消费品，在计算消费税应纳税额时可按当期生产领用的数量计算准予扣除的外购应税消费品已缴纳的消费税税款。

(2)委托加工的应税消费品收回后直接出售的，不再征收消费税(实际上消费税已经包含在委托加工商品价值之中，由受托方代扣代缴了)。委托方收回后用于继续生产的，其已纳的消费税准予按照规定从继续生产的应税消费品应纳消费税税额中抵扣(继续加工时发生的消费税减去委托方在委托加工时已支付的消费税)。

【例题 3－71·计算题】某汽车厂为一般纳税人，某月生产一批轮胎，向外销售取得含增值税收入额 88 万元；接受某汽车厂委托加工特制轮胎一批，耗费材料 26 万元，收取加工费 14 万元，无同类产品的销售价格，计算本月企业应缴纳的消费税及应代扣代缴的消费税。

【答案】(1)将 88 万元含增值税的销售额换算成不含增值税的销售额×消费税税率(轮胎税率 3%)。

88 ÷ (1 + 17) ×3% = 2.26(万元)。

(2)题中接受委托加工的特制轮胎由于无同类产品的销售价格应按组成计税价格计算纳税：

组成计税价格 = (材料成本 + 加工费) ÷ (1 − 消费税税率)；

应纳税额 = 组成计税价格 × 消费税税率；

即：(26 + 14) ÷ (1 − 3%) ×3% = 1.24(万元)。

【提示】消费税与营业税的共同点都是价内税，所以括号里为(1 − 消费税税率)。

(六)消费税征收管理

1. 纳税义务发生时间

【例题 3－72·判断题】纳税人自产自用应税消费品的，纳税义务的发生时间为移送使用的当天。(　　)

【答案】√

【例题3－73·单选题】采用赊销和分期收款结算方式的，购销双方书面合同没有约定收款日期或者无书面合同的，纳税义务的发生时间为（　　）。

A. 发出应税消费品的次日　　B. 购买方提货的当天

C. 发出应税消费品的当天　　D. 收讫销售款的当天

【答案】C

2. 消费税纳税期限

消费税与增值税的纳税期限均分别为1日、3日、5日、10日、15日、一个月或者一个季度。纳税人的具体纳税期限，由主管税务机关根据纳税人应纳税额的大小分别核定，不能按照固定期限纳税的，可以按次纳税。

【例题3－74·判断题】纳税人以1日、3日、5日、10日、15日为一期的，应自期满之日起5日内预缴税款，于次月1日起15日内申报纳税并结清上月应纳税款。（　　）

【答案】√

【解析】假如某纳税人采用分次纳税，期限为10天，该纳税人于本月15日取得应税消费品的销售额，应当在20日内预缴税款，于下月1日起15日内纳税申报并结清上月应交税款。

【例题3－75·单选题】某纳税人进口货物，于本月5日报关，当日其填发了"税收专用缴款书"，该纳税人缴纳消费税税款的最晚时间是（　　）天。

A. 本月10日　　B. 本月15日　　C. 本月20日　　D. 次月15日

【答案】C

【解析】进口货物的纳税人自海关填发税收专用缴款书之日起15日内缴纳税款。

3. 消费税纳税地点

【例题3－76·多选题】纳税人销售的应税消费品，以及自产自用的应税消费品，除国务院财政、税务主管部门另有规定外，应当向（　　）的主管税务机关申报纳税。

A. 纳税人机构所在地　　B. 销售商品经营地

C. 纳税人居住地　　D. 购买方机构所在地

【答案】AC

【例题3－77·判断题】委托加工应税消费品，受托方如为个人的，应当由委托方向自己机构所在地或者居住地的主管税务机关申报纳税。（　　）

【答案】√

【例题3－78·判断题】纳税人销售的应税消费品，如因质量等原因，由购买者退回时，经由所在地主管税务机关审核批准后，可退还已征收的消费税税款，也能自行直接抵减应纳税税款。（　　）

【答案】×

【解析】可退还已征收的消费税税款，但不能自行直接抵减应纳税税款。

四、企业所得税

(一)企业所得税的概念及纳税人

企业所得税是税务机关对在我国企业和其他组织的生产经营所得和其他所得所征收的一种税。

在《企业所得税法》中，对“所得”解释为：销售货物所得、提供劳务所得、转让财产所得、股息红利等权益性投资所得、利息所得、租金所得、特许权使用费所得、接受捐赠所得。

【提示】这里的“所得”与营业额不是同一个概念，“所得”一般为收入减去成本费用后的差额。

企业分为居民企业和非居民企业。

(1)居民企业。居民企业是指依法在中国境内成立注册的单位，或者依照外国法律成立但在中国境内有实际的管理机构的企业。具备上述任何一条均为居民企业。如“三星”公司。

如为居民企业，应当就来源于中国境内、境外的所得作为征税对象。如：在中国境内注册的企业，到国外揽到工程，境内、境外的所得都要缴纳企业所得税。

(2)非居民企业。非居民企业是指依照外国法律成立且实际的管理机构不在中国境内，但是在中国境内设立机构、场所的，或者在中国境内未设立机构、场所，但有来源于中国境内所得的企业。

如为非居民企业，机构、场所在中国，在我国境内的所得应当缴纳企业所得税，发生在境外的所得与在中国境内的机构、场所有实际联系的，应当缴纳企业所得税。

(二)企业所得税的税率

(1)企业所得税税率为25%，是比例税率。

(2)符合条件的小型微利企业其所得税税率为20%。

(3)高新技术产业企业的所得税税率为15%。

【例题3-79·多选题】下列各项中，属于不征税收入的有(　　)。

A. 财政拨款　　B. 纳入财政管理的行政事业性收费

C. 政府性基金　　D. 企业内部在境内处置资产

【答案】ABCD

【解析】以上选项是不征税收入，自然就不是应纳税所得额。选项A财政拨款是指各级人民政府对纳入预算管理的事业单位、社会团体等组织拨付的财政资金。选项BC纳入财政管理的行政事业性收费。政府基金是指依照法律法规等有关规定，按照国务院规定程序批准，在实施社会公共管理以及在向公民、法人或者其他组织提供特定公共服务过程中，向特定对象收取并纳入财政管理的费用。选项D为不征税收入，根据《中华人民共和国企业所得税法实施条例》第二十五条精神，企业内部处置资产(如同一单位将资产从A市调往B市，使资产从A市减少、B市增加，是资产在企业内部的不同部门调剂，不属于销售收入。根据《中华人民共和国企业所得税法实施条例》的精神，除将资产转移至境外以外，不视同销售收入，相关资产的历史成本延续计算。

【例题3-80·多选题】在计算企业所得税时，准予从收入中扣除的项目包括(　　)。

A. 销售成本及销货成本　　B. 期间费用

C. 消费税　　D. 营业税

【答案】ABCD

【例题3-81·多选题】下列有关税费，可以计入成本准予从收入中扣除的有(　　)。

A. 资源税　　B. 车船使用税　　C. 印花税　　D. 增值税

【答案】ABC

【例题3-82·判断题】在计算企业所得税时，凡是流转税均可作为成本从收入中扣除。(　　)

【答案】×

【解析】流转税中的增值税不得计入成本，不得从收入中扣除。故答案错误。

【例题3-83·多选题】在计算企业应纳税所得额时，下列(　　)支出不得扣除而应作为应纳税所得额计算。

A. 税收滞纳金

B. 向投资者支付的股息红利等权益性投资收益款

C. 非公益性捐赠支出

D. 国债利息

【答案】ABC

【例题3-84·判断题】业务收支以外币为主的企业，在记账时可以选择某种外币作为记账本位币，其所得以外币计算的，在计算企业所得税并缴纳税款时应当折合为人民币计算并以人民币缴纳税款。(　　)

【答案】√

【例题3-85·判断题】应纳税所得额的计算有两种方法。直接计算法和间接计算法。直接计算法的计算公式是：应纳税所得额=利润总额+纳税调整项目金额。(　　)

【答案】×

【解析】这是间接计算法的计算公式。直接计算法的计算公式为：应纳税所得额=收入总额－不征税收入额－免税收入额－各项扣除额－准予弥补的以前年度的亏损。

【例题3－86·多选题】企业实际发生的与取得收入有关的、合理的支出，准予在计算应纳税额所得额时扣除。下列各项中，可以扣除的项目有(　　)。

A. 成本　　B. 费用　　C. 税金　　D. 损失

【答案】ABCD

【例题3－87·多选题】在计算应纳税所得额时，不得扣除的项目有(　　)。

A. 向投资者支付的股息、红利等权益性投资收益款项

B. 企业所得税税款

C. 罚金、罚款和被没收财物的损失

D. 企业之间支付的管理费、企业内营业机构之间支付的租金和特许权使用费

【答案】ABCD

【例题3－88·判断题】企业发生的公益性捐赠支出准予在计算应纳税所得额时扣除。(　　)

【答案】×

【解析】企业发生的公益性捐赠支出，在年度利润总额12%以内的部分准予在计算应纳税所得额时扣除，超过年度利润总额12%以上的部分不得扣除，非公益性捐赠支出均不得扣除。

【例题3－89·单选题】企业发生的职工福利费支出，不超过工资薪金总额(　　)的部分，准予在计算应纳税所得额时扣除。

A. 2%　　B. 2.5%　　C. 14%　　D. 25%

【答案】C

【解析】工会经费的扣除比例不超过工资总额的2%，职工教育经费的扣除比例不超过工资总额的2.5%。

【例题3－90·多选题】下列各项中，超标的部分准予在以后纳税年度结转扣除的有(　　)。

A. 职工福利费　　B. 职工教育经费

C. 工会经费　　D. 广告宣传费

【答案】BD

【解析】企业发生的职工教育经费超过工资薪金总额2.5%以上的部分，可以在以后纳税年度结转扣除；企业发生的广告宣传费超过年度收入总额15%以上的部分可以在以后纳税年度结转扣除。

【例题3－91·判断题】企业年度经营发生亏损的，可以用以后纳税年度的所得弥补，

但是延续弥补期最长不得超过5年。(　　)

【答案】√

【例题3－92·判断题】企业所得税实行“按年计征，分月或者分季预缴，年终汇算清缴，多退少补”的征纳方法。年终汇算清缴应当在年度终了后3个月内进行。(　　)

【答案】×

【解析】年终汇算清缴应当在年度终了后5个月内进行。

【例题3－93·判断题】纳税人在当年7月1日开业，当年实际经营期只有6个月，该纳税人应当以其实际经营期为一个纳税年度。(　　)

【答案】√

【解析】纳税人在纳税年度的实际经营期不足12个月的，应当以其实际经营期为一个纳税年度，如遇企业合并、关闭等情形也按此执行。

五、个人所得税

(一)个人所得税的概念

个人所得税是指以个人(自然人)取得的各项应税所得为征税对象所征收的一种税。

(二)个人所得税的纳税义务人

个人所得税以所得人为纳税义务人，以支付所得的单位或者个人为扣缴义务人。

【提示】个人所得税实行代扣代缴从源头控制，所以，扣缴义务人为纳税义务人的所在单位。我国的个人所得税制在纳税义务人的界定上既行使来源地税收管辖权，又行使居民管辖权。

1. 居民纳税人

居民纳税人是指在中国境内有住所，或者无住所但在中国境内居住满1年的人。居民纳税人应承担无限纳税义务，即：对来源于中国境内的和来源于境外的所得，履行纳税义务，都要在中国境内缴纳个人所得税。

2. 非居民纳税义务人

非居民纳税人是指在中国境内无住所又不居住，或者无住所且在境内居住不满1年的个人。非居民纳税人承担有限纳税义务，即仅对来源于中国境内的所得履行纳税义务。在中国缴纳个人所得税。

(三)个人所得税的应税项目和税率

1. 个人所得税的应税项目

个人所得税的应税项目有：工资、薪金所得，个体工商户的生产经营所得，企事业单位的承包经营、承租经营所得，劳务报酬所得，稿酬所得，特许权使用费所得，利息、股利、红利所得，财产租赁所得，财产转让所得，偶然所得等。

2. 个人所得税税率

工资、薪金所得，适用于3% ~45%的超额累进税率。

个人工资、薪金所得以每月收入额减除费用3 500元后的余额为应纳税所得额。即对收入总额中的超过3 500元以上的部分征税(3 500元以内为免征额)。

个人每月收入中，属于免税的项目有：企业为个人缴付的基本养老保险、基本医疗保险、失业保险、住房公积金。(多选题)

(四)个人所得税应纳税额的计算

【提示】结合历年考试情况，我们主要介绍以下三种个人所得税应纳税所得额的计算。

(1)工资、薪金所得，以每月收入额减除费用3 500元后的余额为应纳税所得额。

应纳税额 = 应纳税所得额 × 适用税率 - 速算扣除数

=(每月收入额 -3 500) × 适用税率 - 速算扣除数

【例题3 -94·计算题】小高在一家事业单位工作，合同中约定的月薪为4 800元，本月单位为其代扣代缴的三险、住房公积金合计800元，请计算本月小高的应纳税所得额是多少?

【解析】三险一金为免税项目。免征额为3 500元，则：

应纳税所得额 =4 800 -800 -3 500 =500(元)。

我们根据个人所得税税率，所得额不超过1 500元的，税率为3%，速算扣除数为零，小高本月应纳的个人所得税税额 =500 ×3% =15(元)。

【例题3 -95·计算题】公民王先生2014年10月取得工资、薪金收入为5 500元，请根据个人所得税法相关规定计算王先生当月应缴纳的个人所得税税额(减除费用标准为3 500元/月)。税率见下表：

个人所得税税率表

(工资、薪金所得适用)

级数	全月应纳税所得额		税率(%)	速算扣除数
	含税级距	不含税级距		
1	不超过1 500元的	不超过1 455元的	3	0
2	超过1 500至4 500元的部分	超过1 455元至7 755元的部分	10	105
3	超过4 500元至9 000元的部分	超过7 755元至27 255元的部分	20	555
4	超过9 000元至35 000元的部分	超过27 255至41 255元的部分	25	1 005

【解析】题中没有涉及三险一金的问题，同学们在计算时按给出的条件计算即可。

(1)计算应纳税所得额 =5 500 -3 500 =2 000(元)；

(2)查表：2 000 元对应的税率为 10%，速算扣除数为 105 元；

(3)王先生 10 月应交的个人所得税 = 2 000 × 10% − 105 = 95(元)。

(2)稿酬所得应纳税额的计算。

稿酬所得适用比例税率，税率为 20%，并按应纳税额减征 30%，即只征收 70% 的税额，实际税率为 14%。

稿酬所得，以每次出版、发表取得的收入为一次。稿酬所得每次不超过 4 000 元的，减除费用 800 元；4 000 元以上的，减除 20% 的费用。其余为应纳税所得额。

稿酬所得应纳税额的计算公式如下。

①每次稿酬收入不足 4 000 元的：

$$应纳税额 = (每次收入额 - 800) \times 20\% \times (1 - 30\%)$$

②每次稿酬收入在 4 000 元以上的：

$$应纳税额 = 每次收入额 \times (1 - 20\%) \times 20\% \times (1 - 30\%)$$

【重要提示】

(1)稿酬所得的个人所得税税率为 20%。因为对应纳税额减征 30%，实际税率为 14%。只有对稿酬应纳税额有一个减征的问题，故公式后边有一个(1 − 30%)。

(2)计算时，稿酬收入在 4 000 元以下，减除 800 元后直接乘以 14% 就是应纳税额。如果在 4 000 元以上，用收入额乘以 0.8 再乘以 0.14 可快速计算出应纳税额。

【例题 3 − 96 · 多选题】作家的写作收入属于稿酬收入，关于稿酬所得应纳个人所得税的计算公式有(　　)。

A. 每次收入不足 4 000 元的，应纳税额 = (每次收入额 − 800) × 20%

B. 每次收入超过 4 000 元的，应纳税额 = 每次收入额 × (1 − 20%) × 20%

C. 每次收入超过 4 000 元的，应纳税额 = 每次收入额 × (1 − 20%) × 20% × (1 − 30%)

D. 每次收入不足 4 000 元的，应纳税额 = (每次收入额 − 800) × 20% × (1 − 30%)

【答案】CD

【解析】在个人所得税“应纳税额”的计算中，只有稿酬所得有一个减征的问题，故公式中有(1 − 30%)，如果只考核公式，请考生记住这一特征。

【例题 3 − 97 · 计算题】作家王老师出版个人作品集，获得稿费 20 000 元，计算王老师该笔稿酬应当缴纳的个人所得税。

【解析】因该笔稿酬收入大于 4 000 元，用公式：

应纳税额 = 每次收入额 × (1 − 20%) × 20% × (1 − 30%)

　　= 20 000 × (1 − 20%) × 20% × (1 − 30%) = 2 240(元)。

或：20 000 × 0.8 × 0.14 = 2 240(元)。

【提示】如果考生遇到稿酬收入大于4 000元以上的，用稿酬收入×0.112可快速求得应纳的个人所得税税额。在此再次提醒考生注意区别：是求“应纳税所得额”还是求“应纳税税额”。

【例题3－98·多选题】现行个人所得税项目包括的税目有(　　)。

A. 稿酬所得　　B. 财产转让所得

C. 偶然所得　　D. 个体工商户的生产经营所得

【答案】ABCD

(3)劳务报酬所得适用比例税率，税率为20%。对劳务报酬所得一次收入畸高的，可以实行加成征收。

①每次收入不足4 000元的：

$$应纳税额=(每次收入额-800)\times 20\%$$

②每次收入超过4 000元的：

$$应纳税额=每次收入额\times(1-20\%)\times 20\%$$

③每次收入的应纳税所得额超过20 000元的：

$$应纳税额=每次收入额\times(1-20\%)\times适用税率-速算扣除数$$

【提示】在个人所得税的税目中，只有劳务报酬所得有加成征收的情况，一般情况下不会考加成征收的计算题，以掌握公式和一般计算为主。

【例题3－99·单选题】下列各项中，在计算个人所得税时，对一次收入畸高的，可以实行加成征收的是(　　)。

A. 工资、薪金所得　　B. 劳务报酬所得

C. 承包经营所得　　D. 稿酬所得

【答案】B

【例题3－100·多选题】在计算个人所得税时，下列收入采用比例税率，且税率为20%的有(　　)。

A. 稿酬所得　　B. 特许权使用费所得

C. 彩票中奖所得　　D. 股息、利息红利所得

【答案】ABCD

【解析】选项C是偶然所得，个人所得税税率为20%。除此之外财产转让所得、劳务报酬所得税率均为20%。

(五)个人所得税征收管理

我国个人所得税实行以代扣代缴为主、自行申报为辅的征收方式。

1. 自行申报纳税义务人

纳税人有下列情形之一的，应当按照规定到主管税务机关办理纳税申报：

(1)年所得12万元以上的纳税人；

(2)从中国境内两处或两处以上取得工资、薪金所得的；

(3)从中国境外取得所得的；

(4)取得应纳税所得，没有扣缴义务人的；

(5)国务院规定的其他情形。

2. 代扣代缴

代扣代缴是指按照税法规定负有纳税义务的单位或个人，在向个人支付应税所得时，从所得中扣除应纳税额并交入国库，同时向税务机关报送扣缴个人所得税报告表。

【例题3－101·多选题】纳税人应当主动到主管税务机关办理个人所得税纳税申报的情形有(　　)。

A. 年收入12万元以上的纳税人

B. 从中国境内两处或两处以上取得工资、薪金所得的

C. 从中国境外取得所得的

D. 取得应纳税额所得，没有扣缴义务人的

【答案】BCD

【解析】选项A表述错误，正确表述是“年所得12万元以上的”，注意审题的严谨性，“收入”与“所得”是两个不同的概念，所得税的最大特点是以收入额扣除一定的成本，个人所得税可以扣除的成本目前为3 500元，作为纳税人的基本生活成本。

第三节　税收征管

一、税务登记

税务登记是税务机关依据税法规定，对纳税人的生产、经营活动进行登记管理的一项法定制度，也是纳税人依法履行纳税义务的法定手续。税务登记是整个税收管理的起点。

【例题3－102·单选题】下列各项中，既是税收管理的起点，也是纳税人依法履行纳税义务的法定手续的是(　　)。

A. 纳税申报　　B. 税务登记　　C. 税款征收　　D. 税务代理

【答案】B

【解析】税务登记是整个税收管理的起点。

二、税务登记的种类

（一）开业登记

开业登记是指纳税人依法成立并经工商行政管理机关登记后，为确认其纳税人的身份，纳入国家税务管理体系而到税务机关进行的登记。

【例题3－103·多选题】纳税人在办理税务登记时，应根据不同情况向税务机关如实提供的证件和资料有（　　）。

A. 工商营业执照或其他核准执业证件

B. 有关合同、章程、协议书

C. 组织机构统一代码证书

D. 法定代表人或负责人的居民身份证、护照或者其他合法证件

【答案】ABCD

税务主管机关核发的税务登记证其主要内容包括：纳税人名称、税务登记代码、法人或负责人、生产经营地址、登记类型、核算方法、经营范围、发证日期、证件有效期等。

（二）变更登记

变更税务登记是指纳税人办理设立税务登记后，因登记的内容发生变化，需要对原登记内容进行更改，而向主管税务机关申请办理的税务登记（如改变折旧计算方法）。

（三）停业、复业登记

（1）纳税人的停业期限不得超过1年。办理停业登记时，应结清应纳税款、滞纳金、罚款等。税务机关应收存其税务登记证及副本、发票领购簿及未使用完的发票及其他税务证件。

（2）纳税人在停业期间发生纳税业务的，应当按照税收法律、行政法规的规定申报缴纳税款。

（四）注销登记

注销税务登记是指纳税人由于法定原因终止纳税业务时，向原税务机关申请办理的取消税务登记的手续。办理注销税务登记后，该纳税人不再接受原税务机关的管理。

纳税人发生解散、破产、撤销以及其他情形，依法终止纳税义务的，应当自有关机关批准或宣告终止之日起15日内，持有关证件向原税务登记机关申报办理注销税务登记。

（五）外出经营报验登记

纳税人到外县（市）临时从事生产经营活动，应当持税务登记副本和所在地税务所开具的《外出经营活动税收管理证明》向营业地税务机关报验登记，接受税务管理。《外出经营活动税收管理证明》实行一地一证原则。

【例题3－104·判断题】已经办理停业登记的纳税人，因发票领购簿及未使用完的发票及其他税务证件已由主管税务机关收存，因此在停业期间发生纳税义务的可做无税处理。(　　)

【答案】×

【解析】纳税人在停业期间发生纳税业务的，应当按照税收法律、行政法规的规定申报缴纳税款。

【例题3－105·多选题】纳税人发生(　　)情形的，应当自有关机关批准或宣告终止之日起15日内，持有关证件向原税务登记机关申报办理注销税务登记。

A. 解散　　B. 破产　　C. 撤销　　D. 设立

【答案】ABC

【解析】发生解散、破产、撤销等依法终止纳税业务的，应当办理注销登记，办理注销登记的时限是应当自有关机关批准或宣告终止之日起15日内，持有关证件向原税务登记机关申报办理注销税务登记。选项D属于开业登记，也称设立登记，开业登记的时限是30天。

三、发票开具与管理

(一)发票的概念及种类

发票是指在购销商品、提供或者接受劳务、服务以及从事其他经营活动，所提供给对方的收付款的凭证。较为常见的发票有：①增值税专用发票；②普通发票；③专业发票。

税务机关是发票的主管机关，税务机关负责发票的印刷、领购、开具、取得、保管、缴销的管理和监督。

(二)发票的开具要求

(1)单位和个人只有确认收入时才能开具发票。

(2)开具发票应按号码顺序填开，填写项目齐全，内容真实、字迹清楚、全部联次一次性复写或打印，内容完全一致，并在发票联和抵扣联加盖单位财务印章或者发票专用章。

(3)填写发票应当使用中文。

(4)使用计算机开具发票必须报经主管税务机关批准，并使用税务机关统一监制的机打发票。

(5)开具发票时限、地点应符合规定。

(6)任何单位和个人不得转借、转让、代开发票；未经税务机关批准，不得拆本使用发票；不得自行扩大专业发票的适用范围。

【例题 3－106·判断题】任何单位和个人不得转借、转让发票，经批准可以代开发票。（　　）

【答案】×

【解析】任何单位和个人没有代开发票的权利，如果个人不能开具发票的，只能到税务机关代为开具发票。

【例题 3－107·判断题】外商投资企业和外资企业，开具发票时在使用中文的前提下，可以同时使用一种外国文字。（　　）

【答案】√

【解析】在民族自治地区，有其本民族文字的，开具发票时在使用中文的前提下可以同时使用当地通用的一种民族文字。

四、纳税申报

纳税申报是指纳税人、扣缴义务人按照税法规定的期限和内容向税务机关提交有关纳税事项书面报告的法律行为，是纳税人履行纳税义务、承担法律责任的主要依据，是税务机关税收管理信息的主要来源和税务管理的一项重要制度。

【提示】

（1）纳税人在纳税期间内没有应纳税款的，也应当按照规定办理纳税申报（无税申报）。

（2）纳税人享受减税、免税待遇的，在减税、免税期间应当按照规定办理纳税申报。

纳税申报的方式：（多选题）

（1）直接申报。这是目前最主要的纳税申报方式。

（2）邮寄申报。这种方式比较适于边远山区的纳税人。

（3）数据电文申报。

（4）简易申报。

【例题 3－108·判断题】纳税人在纳税期间没有应纳税款的，或者纳税人享受减免税待遇的均可以按照规定无需办理纳税申报。（　　）

【答案】×

【解析】纳税人在当期没有应纳税款的，应当做无税申报；纳税人享受减税、免税待遇的，在减税、免税期间应当按照规定办理纳税申报。

五、税款征收

税款征收的方式：

（1）查账征收。适合财务制度健全，经营规模较大的企业。

(2)查定征收。适合规模较小、税源分散的小作坊。

(3)查验征收。适合经营不固定、流动性大的税源。

(4)定期定额征收。适合个体工商户、个人独资企业。

(5)核定征收。是对小型微利企业的一种征收方式。

(6)代扣代缴。如个人所得税税款的征收。

(7)代收代缴。如对委托加工的应税消费品征收的消费税。

(8)委托代征税款。受税务机关委托的单位针对零散税款进行代征。

六、税务代理

税务代理是指税务代理人接受纳税主体的委托，在法定的代理范围内，依法代理其办理相关税务事宜的行为。税务代理的特点：①中介性；②法定性；③自愿性；④公正性。

七、税收检查及措施

(一)税收检查

税收检查是指税务机关依照税收法律、行政法规的规定对纳税人、扣缴义务人履行纳税义务、扣缴义务及其他有关税务事项进行审查、核实、监督活动的总称。

【例题3－109·判断题】税收检查是税收征管的重要环节，是对日常征管工作的补充。通过税收检查，可以加强各项税收政策的贯彻执行，提高税收管理水平，保证国家的财政收入。(　　)

【答案】√

(二)税务检查的措施

1. 税收保全措施

(1)适用税收保全的情形及措施。

纳税人有欠缴税款情形，税务机关责令纳税人提供纳税担保而纳税人拒绝提供纳税担保或无力提供纳税担保的，经县以上税务局(分局)局长批准，税务机关可以采取下列税收保全措施：

①通知纳税人开户银行冻结纳税人相当于应纳税款金额的存款。

②扣押、查封纳税人相当于应纳税款的商品、货物、房地产、现金、有价证券等。

(2)不适用税收保全的财产。个人及所抚养家属维持生活必需的住房和用品，不在税收保全的范围内。

【例题3－110·判断题】个人及所抚养家属维持生活必需的住房和用品不在税收保全措施的范围之内。(　　)

【答案】√

2. 税收强制执行

当税收保全措施执行后，纳税人逾期未履行纳税义务的，经县以上税务局(分局)局长批准，税务机关可以采取下列税收强制措施：

(1)书面通知纳税人开户银行从纳税人银行存款账户中扣缴相当于应纳税款金额的存款。

(2)扣押、查封、依法拍卖或者变卖纳税人相当于应纳税款的商品、货物或其他财产，以拍卖或者变卖所得抵缴税款。

(3)税务机关对单价5 000元以下的其他生活用品不采取强制执行措施。

【例题3-111·判断题】个人及所抚养家属维持生活必需的住房和用品不在税收强制执行措施的范围之内。税务机关对单价5 000元以下的其他生活用品不采取强制执行措施。(　　)

【答案】√

【例题3-112·判断题】纳税人因违反税法规定逾期未履行纳税义务，经县级以上税务局(分局)局长批准，依法拍卖了纳税人相当于应纳税款的商品，以此所得抵缴应纳税款，这是税务机关采取的税收保全措施。(　　)

【答案】×

【解析】税收保全措施采用“扣押、查封”手段，如纳税人仍不履行纳税义务则采取“强制执行”措施，动真格的了，将扣押、查封的商品“依法拍卖或者变卖”。故应当表述为“强制执行措施”。

八、税收法律责任

税收法律责任是指税收法律关系的主体因违反税收法律规范所应承担的法律后果。税收法律责任可分为行政责任和刑事责任。

1. 税务违法行政责任

纳税主体违反了税收行政管理法律、法规，尚不构成犯罪的，给予以下行政处罚：①责令限期改正；②罚款；③没收财产；④收缴未用发票和暂停供应发票；⑤停止出口退税权。

2. 税务违法刑事责任

纳税主体违反了税收行政管理法律规定，情节严重构成犯罪的，给予以下刑事处罚。

主刑包括：管制、拘役、有期徒刑、无期徒刑、死刑。

附加刑包括：罚金、剥夺政治权利、没收财产。

3. 税务行政复议

税务行政复议是指当事人(纳税人、扣缴义务人、纳税担保人等)对税务机关及其工作人员做出的具体行政行为不服，依法向上一级税务机关(复议机关)提出复议申请，复议机关经过审理后对原税务机关具体行政行为的合法性、合理性做出裁决的活动。

【说明】例如某纳税人因有违反税法规定的行为，被区县税务机关做出罚款10万元决定，该纳税人不服，认为罚款数额过大，向上一级税务机关(市级)提出行政复议申请，上一级税务机关受理后可以根据纳税人的违法事实做出维持、变更及撤销原税务机关给予的罚款决定。这里的税务机关是行政管理机关，纳税人是被管理人，上一级税务机关为行政复议机关。

【提示】

(1)行政复议的受理不需支付费用。

(2)行政复议的举证责任由被申请人承担。

课后总复习题库

一、单选题

1. 下列各项中，作为税收征收管理起点的是(　　)。

A. 领取营业执照　　B. 纳税申报

C. 税务登记　　D. 税款征收

【答案】C

2. 因税务登记内容发生变化，需要做变更登记的，纳税人应当在(　　)天内向主管税务机关申请办理变更登记。

A. 5　　B. 10　　C. 15　　D. 30

【答案】D

【解析】除注销登记的时限是15天，其余四项内容(前进过五种登记内容)登记的时限均为30天。需要提示的是，工商登记后原登记内容发生变化的，办理变更的程序是先税务后工商。与注册时的程序相反。

3. 下列(　　)部门是发票管理的主管机关，负责发票的印刷、领购、开具、取得、保管、缴销的管理和监督。

A. 财政部门　　B. 审计部门　　C. 税务部门　　D. 同级人民政府

【答案】C

4. 下列发票中，小规模纳税人不得使用的发票是(　　)。

A. 普通发票　　B. 专用发票

C. 增值税专用发票　　D. 专业发票

【答案】C

5. 下列关于发票管理的表述，不正确的是(　　)。

A. 单位和个人只有在确认收入时，才能开具发票

B. 为了方便分散核算，企业可以按顺序拆本使用发票

C. 填写发票应当使用中文，我国境内的外国企业在使用中文的前提下可同时使用一种外国文字

D. 任何单位和个人不得转借、转让、代开发票

【答案】B

【解析】未经税务机关批准不得拆本使用发票；不得自行扩大专业发票的适用范围。

6. 下列关于税收的表述，错误的是(　　)。

A. 税收属于分配范畴，是国家参与并调节国民收入分配的一种手段

B. 税收是以国家为主体，凭借政治权力依法有偿取得财政收入的分配方式

C. 税收是以国家为主体的分配关系，因而税收的性质取决于社会经济制度的性质

D. 税收是以国家为主体，凭借政治权力依法无偿取得财政收入的分配方式

【答案】B

7. 下列不属于税收特征的有(　　)。

A. 强制性　　B. 无偿性　　C. 连续性　　D. 固定性

【答案】D

【解析】因为税收的特征表现在强制性、无偿性和固定性。故选项C连续性不属于税收的特征。一般而言，企业各月有税应当做纳税申报，无税做无税申报

8. 累进税率就是按征税对象数额的大小划分若干等级，每个等级由低到高规定相应的税率。下列各项中，适用于个人所得税征税形式的是(　　)。

A. 全额累进税率　　B. 超额累进税率

C. 超率累进税率　　D. 超倍累进税率

【答案】B

9. 下列各项中，(　　)由海关负责征收管理。是中央财政收入的重要来源，也是国家调节进出口贸易的主要手段。

A. 增值税　　B. 消费税　　C. 关税　　D. 营业税

【答案】C

10. 小规模纳税人增值税的征收率为(　　)。

A. 3%　　B. 13%　　C. 17%　　D. 11%

【答案】A

11. 纳税人的纳税期限由税务机关根据纳税人应纳税额的大小分别核定；不能按照固定期限纳税的，可以按次纳税。以1日、3日、5日、10日或者15日为1个纳税期限的，自期满之日起5日内预缴税款，于次月1日起至(　　)日内申报纳税并结清上月应交税款。

A. 3　　B. 5　　C. 10　　D. 15

【答案】D

【解析】增值税和消费税的纳税期限如题目中所说，营业税的纳税期限为5日、10日、

15 日、一个月或者一个季度，无论何种税，只要是按月计征的，均为次月 1 日起至 15 日为纳税征期。

12. 纳税人、扣缴义务人、纳税担保人对税务机关及其工作人员做出的税务具体行政行为不服的，依法向上一级税务机关提出申请，由上一级税务机关对具体行政行为的合法性、合理性做出裁决，是税务工作的(　　)。

A. 税务检查　　B. 税务行政复议

C. 税务行政责任　　D. 行政诉讼

【答案】B

13. 企业委托其他纳税单位代销货物时，确认收入及纳税义务的时间是(　　)。

A. 委托方发出代销货物时　　B. 代销单位货物售出时

C. 委托方收到代销清单时　　D. 代销单位向委托方支付货款时

【答案】C

14. 采用托收承付和委托银行收款方式销售货物时，确认纳税义务的发生时间是(　　)。

A. 签订购销合同时　　B. 发出货物办妥托收手续时

C. 收到所购货物时　　D. 购买方支付货款时

【答案】B

15. 按照分税制财政管理体制，下列各项中属于中央预算和地方预算对同一税种的收入按照一定划分标准或者比例分享的收入是(　　)。

A. 中央预算收入　　B. 地方预算收入

C. 中央和地方预算共享收入　　D. 预算外收入

【答案】C

二、多选题

1. 税收的作用是税收职能在一定经济条件下的外在表现，在现阶段，税收的作用主要表现在(　　)。

A. 税收是国家组织财政收入的主要形式

B. 是国家调控经济运行的重要手段

C. 税收具有维护国家政权的作用

D. 是国际交往中维护国家利益的可靠保证

【答案】ABCD

2. 税收与其他财政收入形式相比，具有(　　)的特征。

A. 强制性　　B. 无偿性　　C. 固定性　　D. 有偿性

【答案】ABC

3. 我国现行税制中，下列属于流转税又属于中央税的有(　　)。

A. 增值税　　B. 营业税　　C. 消费税　　D. 关税

【答案】CD

4. 财产税是以纳税人拥有的财产数量或财产价值为征税对象的税种。下列各项中，属于我国现行财产税税种的有(　　)。

A. 房产税　　B. 车船税　　C. 印花税　　D. 契税

【答案】ABD

【解析】印花税属于行为税。

5. 行为税是国家为了实现某种特定的目的，以纳税人的某些特定行为为征税对象的税种。下列各项中，属于行为税税种的有(　　)。

A. 营业税　　B. 印花税

C. 城市维护建设税　　D. 城镇土地使用税

【答案】BC

【解析】营业税属于流转税；城镇土地使用税属于资源税。

6. 下列各项中，属于中央与地方共享税的有(　　)。

A. 增值税　　B. 印花税　　C. 资源税　　D. 关税

【答案】ABC

【解析】关税属于中央税。

7. 中央税是指由中央政府征收和管理使用或由地方政府征收后全部划解中央政府所有并支配使用的一类税。下列各项中，属于我国现行的中央税的有(　　)。

A. 增值税　　B. 关税　　C. 消费税　　D. 资源税

【答案】BC

【解析】增值税、资源税属于国地共享税。

8. 按照计税标准不同，可以分为从价税、从量税和复合税。下列各项中，属于从价税的有(　　)。

A. 消费税　　B. 增值税　　C. 营业税　　D 车船税

【答案】ABC

【解析】车船税属于从量税。

9. 复合税是对某一货物或物品既征收从价税又征收从量税。下列商品中采用复合税的有(　　)。

A. 卷烟　　B. 轮胎　　C. 白酒　　D. 高档化妆品

【答案】AC

【解析】轮胎、高档化妆品征收消费税，采用从价计征方法计税。

10. 我国税收法律按照级次划分，分为税收法律、税收法规、税收规章和税收规范性文件。关于税收法律地位的表述，正确的是(　　)。

A. 税收法律是由全国人大及其常委会制定的

B. 其法律地位和法律效力仅次于宪法

C. 其法律地位和法律效力同于宪法

D. 税收法律的法律地位高于税收法规和规章

【答案】ABD

【解析】宪法是我国的根本大法，是制定其他法律的依据。

11. 征税人是指法律、行政法规规定代表国家行使征税权的征税机关，具体包括(　　)。

A. 各级税务机关　　B. 各级财政机关

C. 海关　　D. 工商管理机关

【答案】ABC

12. 税率是对征税对象的征收比例或征收额度，税率是税法的核心要素，也是衡量税负轻重与否的重要标志。我国现行税率的基本形式有(　　)。

A. 比例税率　　B. 累进税率　　C. 定额税率　　D. 差额税率

【答案】ABC

13. 所谓比例税率是指对同一征税对象不分数额大小，规定相同的征收比例。下列各税种中，采用比例税率的有(　　)。

A. 增值税　　B. 营业税

C. 城市维护建设税　　D. 企业所得税

【答案】ABCD

14. 纳税期限是纳税人向国家交纳税款的法定期限。纳税期限是税法的强制性在时间上的体现。我国现行纳税期限大致可以分为以下(　　)的情况。

A. 按期纳税　　B. 按次纳税　　C. 按期预缴　　D. 年终清算

【答案】ABCD

【解析】按期纳税的一般是指按月纳税。按次纳税的是指每一次经营活动，例如营业税有的是按5日、10日、15日分次纳税的。

15. 纳税地点一般实行属地管辖，下列各项可以作为纳税地点的有(　　)。

A. 纳税人的所在地　　B. 口岸地

C. 营业行为地　　D. 财产所在地

【答案】ABCD

16. 一般纳税人单位销售下列(　　)货物的，应按13%低税率计征增值税。

A. 食用粮油　　B. 农机零部件

C. 饲料、化肥、农药　　D. 自来水、暖气

【答案】ACD

17. 企业申请办理增值税一般纳税人认定手续的，除需提出申请外还应提供(　　)资料。

A. 营业执照　　B. 有关合同、章程、协议书

C. 银行账号证明　　D. 增值税一般纳税人申请认定表

【答案】ABC

【解析】增值税申请认定表不是企业提供的，是税务机关初步审核后发给企业的。

18. 消费税的计税方法采用下列(　　)三种计算方法。

A. 从价定率　　B. 定期定额　　C. 复合计征　　D. 从量定额

【答案】ACD

19. 在计算企业所得税时，准予从收入总额中扣除的税金包括(　　)。

A. 城建税　　B. 房产税　　C. 车船税　　D. 土地增值税

【答案】ABC

【解析】土地增值税和增值税一样不得计入成本。

20. 在计算企业所得税时，下列不作为应纳税所得额计算依据的有(　　)。

A. 财政拨款

B. 依法收取并纳入财政管理的行政事业性收费及政府基金

C. 经国务院批准的财政性资金

D. 企业内部处置的资产利得

【答案】ABC

【解析】选项D计入营业外收入，是利润总额的一部分，故也是应纳税额所得额的一部分。

21. 下列支出中，在计算应纳税所得额时不得扣除的项目有(　　)。

A. 向投资者支付的股息、红利等权益性投资收益款项

B. 企业所得税税款

C. 税收滞纳金、罚金、罚款及没收财物的损失

D. 非公益性捐赠支出

【答案】ABCD

22. 申报办理税务登记需要提供的证件和资料(　　)。

A. 工商营业执照或其他核准执业证件

B. 相关合同、章程、协议书

C. 法人、负责人、业主的身份证、护照或合法证件

D. 组织机构统一代码证书

【答案】ABCD

23. 税务登记的种类包括(　　)。

A. 设立登记　　B. 变更登记

C. 停业、复业登记　　D. 外出经营报验登记

【答案】ABCD

24. 纳税的申报方式包括(　　)。

A. 直接申报　　B. 邮寄申报

C. 数据电文申报　　D. 简易申报

【答案】ABCD

25. 有下列(　　)情形的，税务机关有权核定纳税人的应纳税额。

A. 依法规定可以不设置会计账簿的

B. 虽设置账簿，但账目混乱、凭证残缺不全，难以查账的

C. 纳税人申报的纳税依据明显偏低又无正当理由的

D. 有偷漏税前科的

【答案】ABC

三、判断题

1. 税收规章可以增强税法的灵活性和可操作性，是税法体系的必要组成部分，但税收规章不作为税收司法的直接依据，而只具有参考性的效力。(　　)

【答案】√

2. 全部销售免税货物的企业，申请一般纳税人资格，需经省级税务机关审批。(　　)

【答案】×

【解析】该类企业不办理一般纳税人认定手续。

3. 增值税应纳税额一般纳税人采取税款抵扣的办法，如果当期销项税额大于进项税额时，其差额可以结转到下期继续抵扣。(　　)

【答案】×

【解析】销项减进项的差额是应交纳的税款，是对国家的负债，只有进项税额大于销项税额的差额才可用于抵扣，表示多缴纳的税金。

4. 增值税进项税额是一般纳税人购进货物或接受应税劳务时支付或负担的增值税额，所以只要是增值税进项税额均可以冲抵发生的销项税额。(　　)

【答案】×

【解析】如果因货物改变用途如用于职工福利时，做进项税额的转出不得用于抵扣。即教材中所说的购进的货物用于非应税项目不得抵扣。

5. 企业采用委托代销方式销售货物时，确认增值税纳税义务的时间是委托方收到代销清单的当天。(　　)

【答案】√

6. 营业税的纳税人兼有不同税率应税行为的，应合并核算不同税率的营业额、转让额、销售额。(　　)

【答案】×

【解析】应分别核算不同税率的营业额，不分别核算的从高适用税率，对消费税也是如此。

7. 企业发生的捐赠支出在计算应纳税所得额时可以据实计入企业成本。(　　)

【答案】×

【解析】公益性捐赠支出可以计入成本的是年度利润总额12%以内的部分，公益性捐赠支出以外的捐赠支出不得计入成本。

8. 企业在纳税年度发生亏损，不缴纳企业所得税，也不需向税务机关报送企业所得税纳税申报表等有关资料。(　　)

【答案】×

【解析】企业经营中无论发生亏损或实现盈利均应做纳税申报，有税的报税、无税的做无税申报，这是必须的。

9. 起征点是税法规定的征税对象达到开始征税数额的界限，征税对象的数额未达到起征点的不征税，达到或超过起征点的，则就其超过起征点以上的数额征税。(　　)

【答案】×

【解析】应就其全部数额征税。

10. 税款征收是税收征收管理的中心环节。(　　)

【答案】√

11. 对现代服务业纳税人提供应税服务的，年应税服务销售额在500万元以下的为小规模纳税人。(　　)

【答案】√

12. 纳税人在停业期间发生纳税义务的，应按照税收规定申报缴纳应纳税款。(　　)

【答案】√

13. 增值税小规模纳税人可视销售额的大小开具增值税专用发票。(　　)

【答案】×

【解析】小规模纳税人不得开具增值税专用发票。如有需要由税务机关代开，小规模纳税人的销售额达到一般纳税人标准且财务制度健全的，能按规定报送有关税务资料的可申请一般纳税人资格，经税务机关审核后认定为一般纳税人后才可以领购、使用、开具增值税专用发票。

14. 纳税人只要办理了《外出经营活动税收管理证明》就可以在注册地以外的任何地区从事生产经营活动。(　　)

【答案】×

【解析】由税务机关开具的《外出经营活动税收管理证明》实行一地一证的原则。

15. 进口应税消费品的，以进口的单位和个人为消费税的纳税人，应交的消费税由海关代征。(　　)

【答案】√

16. 营业税的纳税地点均为纳税人机构所在地主管税务机关。(　　)

【答案】×

【解析】涉及不动产的在不动产所在地税务机关申报纳税，涉及出租、转让土地使用权的，应当向土地所在地主管税务机关申报纳税等。

17. 委托加工应税消费品的原材料应当由委托方提供，如由受托方提供原材料的不能视同加工应税消费品。(　　)

【答案】√

18. 只要是在中国境内依法设立的企业，或者在中国境外依照外国法律设立但在中国境内有实际管理机构的企业，均属于居民企业，均应依照我国法律申报纳税。(　　)

【答案】√

19. 某外国公民于2014年3月来华工作，至2015年4月底回国，在中国境内工作长达13月之久，应当作为居民纳税人认定。(　　)

【答案】×

【解析】该外国公民分别在2014和2015年的两个纳税年度居住均不满一年，应作为非居民纳税人，非居民纳税人仅就其从中国境内取得的所得，在中国缴纳个人所得税。如为居民纳税人则承担无限纳税义务。

20. 凡支付个人应税所得的企业、事业单位、社会团体、军队以及国际组织驻华机构、个体户等单位或者个人，为个人所得税的扣缴义务人。(　　)

【答案】×

【解析】扣缴义务人不包括国际组织驻华机构、不包括依法享有外交特权和豁免权的驻华使馆以及联合国驻华机构。

四、计算题

1. 某汽车制造厂为增值税一般纳税人，该厂本月销售小汽车30辆，每辆小汽车含增值税销售价格为152 100元，销售小汽车的消费税税率为3%，计算该厂本月应交的消费税税额？

【解析】

(1)将含有增值税的销售额换算成不含税的销售额。

152 100 × 30 ÷ (1 + 17%) = 3 900 000(元)。

(2)该厂本月应交消费税税额 = 3 900 000 × 3% = 117 000(元)。

2. 某酒厂为增值税一般纳税人企业，2014年11月销售粮食白酒50 000公斤，取得含增值税的销售收入175 500元，本月给本企业员工发放黄酒共计2吨，每吨售价1 000元。白酒征收复合税，税率为20% + 0.5元/500毫升，黄酒征收从量税，税额每吨240元，计算该酒厂本月应交的消费税税额。

【解析】

(1)将白酒的销售额换算成不含增值税的销售额：

175 500(元) ÷ (1 + 17%) = 150 000(元)。

(2)白酒的从量计税为每500毫升征收0.5元，相当于1公斤白酒从量计征1元消费税，则：白酒从量计征的消费税 = 50 000 × 1 = 50 000(元)。

白酒应交的消费税 = 不含增值税的销售额 ×20% + 销售数量 × 定额税率
(3)销售白酒的复合计税 = 150 000 ×20% +50 000 ×1 =80 000(元)。
(4)黄酒实行从量定额征收，用于发放职工福利的黄酒视同销售，则：
销售数量 × 定额税率 = 2 ×240 = 480(元)。
该企业本月销售白酒和黄酒应交的消费税 = 80 000 +480 =80 480(元)。

【提示】白酒的应交消费税 = 销售额 × 税率 + 销售量 × 单位税额；(复合税)
黄酒应交消费税 = 销售量 × 单位税额；(从量定额)
给本单位员工的酒视同销售，计算应交消费税。

3. 某老师出版一本专业书籍，2014 年 6 月取得稿酬 3 800 元，因该书畅销，当月出版社追加印数，并追加稿酬 2 000 元，计算该老师个人所得税的应纳税所得额是多少？

【解析】

(3 800 +2 000) × (1 −20%) =4 640(元)。

【说明】稿酬所得：指个人的作品被新闻出版部门以图书、报刊方式出版、发表而取得的所得。具体规定如下：

每次收入超过 4 000 元的，减除 20% 的费用，其余作为应纳税所得额。且以每次出版发表为一次，不论出版单位是预付还是分次支付稿酬，或者加印该作品后再付稿酬，均应合并其稿酬所得按一次计征个人所得税。

注意应纳税所得额是计算应交个人所得税的基数，请区分是计算应纳税所得额还是计算应纳税额！注意审题！

第四章　财政法律制度

◉基本要求与考点提示

1. 了解预算法律制度的构成
2. 了解国库集中支付制度的概念
3. 了解政府采购法律制度的构成和原则
4. 掌握国家预算的级次划分和构成、预算管理的职权、预算组织的程序及预算的监督
5. 掌握政府采购的执行模式和方式
6. 掌握国库单一账户体系的构成及财政收支的方式

第一节　预算法律制度

一、预算法律制度的构成

预算法律制度是指国家经过法定程序制定的，用以调整国家预算关系的法律、行政法规和相关规章制度，我国预算法律由《预算法》和《预算法实施条例》以及有关国家预算管理的其他法规制度构成。

《预算法》是我国第一部财政基本法律，是我国国家预算管理工作的根本性法律以及制定其他预算法规的基本依据。该法共 11 章 79 条，于 1995 年 1 月 1 日起施行。

《预算法实施条例》属于行政法规。由国务院根据《预算法》制定并颁布。

二、国家预算概述

(一) 国家预算的概念

国家预算，也可以称为政府预算，是政府的基本财政收支计划，即经法定程序批准的国家年度财政收支计划。国家预算是实现财政职能的基本手段，反映国家的施政方针和社会经济政策，规定政府活动的范围和方向。

(二) 国家预算的作用

(1) 财力保证作用。

(2) 调节制约作用。

(3)反映监督作用。

(三)国家预算的级次划分

我国国家预算组成体系按照一级政权设立一级预算的原则建立。我国预算分为五级，即：中央级预算、省级预算、地市级预算、县级预算、乡级预算共五级。除中央级预算外，其他级次预算称为地方级预算。

1. 中央预算

中央预算是中央政府的财政收支计划。中央政府担负全国宏观经济调控的重任。在经济上支配和调控地方政府的行为，负责国防、外交、科技文化、国家重点建设、社会福利等全国性公共需要方面的开支。我国的中央预算由国务院直属中央各部委的部门预算及其所属的单位预算组成，包括地方向中央上解的收入数额和中央对地方返还或者给予补助的数额。

2. 地方预算

地方各级预算是国家预算的有机组成部分，是地方政府的财政收支计划，是政府预算活动的基本环节，在国家预算中占有重要地位。

财政部门是具体负责国家预算编制、执行和决算工作的职能部门。

3. 总预算

总预算是指各级政府本级及下级政府的年度预算收支经审核后汇编的预算，它一般包括以下两个部分：

(1)本级政府预算：本级政府所属职能部门的单位预算的总和。

(2)下级政府预算：本级政府行政隶属的下一级政府的总预算。

4. 部门单位预算

部门单位预算是指部门、单位的收支预算。

【例题4-1 判断题】目前，我国预算法律制度的构成包括《预算法》和《预算法实施条例》。(　　)

【答案】√

【例题4-2·单选题】我国国家预算组成体系按照一级政权设立一级预算的原则建立。下列各级预算中，(　　)是政府预算活动的基本环节，在国家预算中占有重要地位。

A. 中央预算　　B. 地方预算　　C. 总预算　　D. 部门单位预算

【答案】B

【例题4-3·单选题】下列各级预算中，没有总预算的是(　　)。

A. 中央预算　　B. 省级预算　　C. 县级预算　　D. 乡级预算

【答案】D

【解析】总预算是指各级政府本级及下级政府的年度预算收支经审核后汇编的预算，对于乡级预算而言因没有下级预算只有本级预算，所以选项D正确。

【例题4－4·多选题】中央预算是中央政府的财政收支计划。中央政府负担的各项开支包括(　　)等方面的开支。

A. 国防
B. 外交
C. 科技文化、国家重点建设
D. 全国性社会福利

【答案】ABCD

【例题4－5·判断题】财政部门是具体负责国家预算编制、执行和决算工作的职能部门。(　　)

【答案】√

【例题4－6·多选题】1994年3月22日通过的我国《预算法》包括的章节有(　　)。

A. 总则
B. 预算管理职权
C. 预算收支范围
D. 预算编制

【答案】ABCD

(四)国家预算的构成

【例题4－7·判断题】我国国家预算按照政府级次可分为中央预算和地方预算，地方预算分为四级，其中包括：省级预算、地市级预算、县级预算和乡镇级预算。(　　)

【答案】√

三、预算管理的职权

根据统一领导、分级管理、权责结合的原则，《预算法》明确规定了各级人民代表大会及其常委会、各级政府、各级财政部门和各部门、各单位的预算职权。

(一)各级人民代表大会的职权

1. 全国人民代表大会的职权

(1)审查中央和地方预算草案及中央和地方预算执行情况的报告。

(2)批准中央预算和中央预算执行情况的报告。

(3)改变或者撤销全国人民代表大会常务委员会关于预算、决算的不适当的决议。

【提示】关于全国人民代表大会的职权关键字有：审查、批准、改变或者撤销。

2. 全国人民代表大会常务委员会的职权

(1)监督中央和地方预算执行情况的报告；

(2)审查和批准中央预算的调整方案；

(3)审查和批准中央决算；

(4)撤销国务院制定的与宪法、法律相抵触的关于预算、决算的行政法规、决定和命令；

(5)撤销省、自治区、直辖市人民代表大会及其常委会制定的与宪法、法律和行政法规相抵触的关于预算、决算的地方性法规和决议。

【提示】关于全国人大常委会的职权关键字有1个监督、2个审查和批准、2个撤销。

全国人民代表大会常务委员会作为全国人大的常设机构，其具体职权是负责监督、落实中央预算的执行情况。注意区别人大与人大常委会职责的不同。

3. 乡级以上地方各级人民政府代表大会的职权

(1)审查本级总预算草案及本级总预算执行情况的报告；

(2)批准本级预算和本级预算执行情况的报告；

(3)改变或者撤销本级人民代表大会常务委员会关于预算、决算的不适当的决议；

(4)撤销本级政府关于预算、决算的不适当的决定和命令。

4. 县级以上地方各级人民代表大会常务委员会的职权

(1)监督本级总预算的执行；

(2)审查和批准本级预算的调整方案；

(3)审查和批准本级政府决算；

(4)撤销本级政府和下一级人民代表大会及其常务委员会关于预算、决算的不适当的决定、命令和决议。

(二)各级财政部门的职权

1. 国务院财政部门的职权

国务院财政部门具体编制中央预算、决算草案；具体组织中央和地方预算的执行；提出中央预算预备费动用方案；具体编制中央预算的调整方案；定期向国务院报告中央和地方预算的执行情况。

2. 地方各级政府财政部门的职权

地方各级政府财政部门具体编制本级预算、决算草案；具体组织本级总预算的执行；提出本级预备费动用方案；具体编制本级预算的调整方案；定期向本级政府和上一级政府财政部门报告本级总预算的执行情况。

【提示】国务院财政部门定期向国务院报告中央和地方预算的执行情况，而地方各级政府的财政部门定期向本级政府和上一级政府的财政部门报告本级总预算的执行情况。这是两者的区别。

【例题4－8·多选题】国务院财政部门具有的职权包括（　　）。

A. 编制中央预算、决算草案　　B. 组织中央和地方预算的执行

C. 提出中央预算预备费动用方案　　D. 具体编制中央预算的调整方案

【答案】ABCD

【解析】除以上职权外，还定期向国务院报告中央和地方预算的执行情况。

（三）各部门、各单位的职权

1. 各部门的职权

各部门具体负责编制本部门预算、决算草案；组织和监督本部门预算的执行；定期向本级政府财政部门报告预算的执行情况。

2. 各单位的职权

各单位负责编制本单位预算、决算草案；按照国家规定上缴预算收入，安排预算支出，并接受国家有关部门的监督。

【例题4－9·多选题】各单位在本级政府预算中具有下列职权（　　）。

A. 编制本单位预算、决算草案　　B. 按照国家规定上缴预算收入

C. 按照计划安排预算支出　　D. 接受国家有关部门的监督

【答案】ABC

【解析】选项D不属于职权，应当属于义务。

【例题4－10·多选题】根据我国《预算法》的规定，地方各级政府财政部门的职权有（　　）。

A. 具体编制本级政府预算、决算草案

B. 具体组织本级总预算的执行

C. 提出本级预算预备费动用方案

D. 具体编制本级预算的调整方案

【答案】ABCD

四、预算收入与预算支出

根据《预算法》第四条的规定，预算由预算收入和预算支出组成。

（一）预算收入

1. 预算收入按来源划分

（1）税收收入：税收收入占财政收入的90%以上。流转税和所得税为主体。

（2）国有资产收益：国有资产处置中应当上缴财政的部分。

（3）专项收入：由国务院财政部门批准，纳入预算管理有专项用途的收入。

(4)其他收入：包括各种罚没收入、公产收入及杂项收入等。

【例题4-11·多选题】下列各项中，属于国家预算收入的有(　　)。

A. 税收收入
B. 境外国有资产处置收入
C. 罚没收入
D. 境内国有资产处置收入

【答案】ABCD

2. 预算收入按分享程度划分

(1)中央预算收入。收入纳入中央预算，地方不参与分享的收入，包括中央本级收入和地方按照规定向中央上解的收入(如关税、消费税等)。

(2)地方预算收入。收入纳入地方预算，中央不参与分享的收入，包括地方本级收入和中央按照规定返还或者补助地方的收入(如营业税、房产税以及政府补助)。

(3)中央和地方预算共享收入。即中央预算和地方预算对同一税种的收入按照一定划分标准或者比例分享的收入(如增值税国家分享70%、地方分享30%)。

(二)预算支出

预算支出，是国家对集中的预算收入有计划地分配和使用而安排的支出。

1. 预算支出按照内容划分(多选题)

(1)经济建设支出；

(2)教育、科技、文化、卫生、体育等事业发展支出；

(3)国家管理费用支出；

(4)国防支出；

(5)各项补贴支出；

(6)其他支出。

2. 预算支出按照支出级次划分

预算支出按照支出级次划分，可划为中央预算支出和地方预算支出。

【例题4-12·多选题】预算支出按照支出的内容划分，可以分为(　　)。

A. 经济建设支出

B. 教育、科技、文化、卫生、体育等事业支出

C. 国防支出

D. 各项补贴支出

【答案】ABCD

【例题4-13·判断题】收入纳入中央预算，地方不参与分享的收入属于中央预算收入，包括中央本级政府的收入和地方按照规定向中央上解的收入，关税、消费税就属于中央预算收入。(　　)

【答案】√

【例题 4－14·多选题】地方预算收入是指收入纳入地方预算，中央不参与分享的收入。地方预算收入具体包括(　　)。

A. 地方本级政府的收入　　B. 中央按照规定返还地方的收入

C. 中央按照规定补助地方的收入　　D. 地方上解中央的收入

【答案】ABC

【解析】选项 D 属于中央预算收入，是地方政府上缴中央政府的支出。

五、预算组织程序

预算组织程序包括预算的编制、审批、执行和调整。

(一)预算的编制

【例题 4－15·多选题】下列各项中，属于预算组织程序的有(　　)等环节。

A. 预算的编制　　B. 预算的审批　　C. 预算的执行　　D. 预算的调整

【答案】ABCD

【考点提示】

(1)预算年度：公历 1 月 1 日至 12 月 31 日。

(2)预算草案的编制依据。各级政府编制年度预算草案的依据如下：

①法律、法规；

②国民经济和社会发展计划、财政中长期计划以及有关的财政经济政策；

③本级政府的预算管理职权和财政管理体制确定的预算收支范围；

④上一年度预算执行情况和本年度预算收支变化因素；

⑤上级政府对编制本年度预算草案的指示和要求。

(3)预算草案的编制内容。中央预算草案的编制内容如下：

①本级预算收入和支出；

②上一年度结余用于本年度安排的支出；

③返还或者补助地方的支出；

④地方上解的收入。

(二)预算的审批

预算的审批包括：预算草案的审查和批准、预算备案和预算批复三个环节。

【例题 4－16·判断题】中央预算由全国人民代表大会审查和批准，各级预算的审批有三个环节，分别是预算的审查和批准、预算的备案和预算的批复。(　　)

【答案】√

(三)预算的执行

预算的执行，具体工作由财政部门负责。

(四)预算调整方案的审批

中央预算的调整方案必须提请全国人大常委会审查和批准。除此之外的地方预算调整方案由各级人民代表大会审查批准。未经批准，不得调整预算方案。

【考点提示】

在预算执行中，因上级政府返还或者给予补助而引起的预算收支变化，不属于预算调整。

六、决算

决算是指对年度预算收支执行结果的会计报告，是预算执行的总结，是国家管理预算活动的最后一道程序，它包括决算报告和文字说明两部分。

【例题4－17·判断题】在预算执行中，因上级政府返还或者给予补助而引起的预算收支变化，属于预算调整的范畴。(　　)

【答案】×

【解析】在预算执行中，因上级政府返还或者给予补助而引起的预算收支变化，不属于预算调整。

【例题4－18·判断题】根据“统一领导、分级管理”的原则，中央预算的调整方案必须提请全国人民代表大会常务委员会审查和批准，各级地方政府的预算调整方案由各级人民代表大会常务委员会审查和批准。(　　)

【答案】×

【解析】地方政府的预算调整方案由地方各级人民代表大会审查和批准，并非由地方人大常委会审查和批准。

【例题4－19·多选题】可以对各级政府的预算、决算进行监督的部门有(　　)。

A. 各级人民代表大会　　B. 各级人民政府

C. 各级政府的财政部门　　D. 各级政府的审计部门

【答案】ABCD

第二节　政府采购法律制度

一、政府采购法律制度的构成

政府采购法律制度包括：政府采购法、政府采购部门规章、政府采购地方性法规和政府规章。

《政府采购法》是我国政府采购法律制度中效率最高的法律文件。

政府采购法，是指调整各级国家机关、事业单位和团体组织，使用财政性资金依法采购货物、工程和服务的活动的法律规范的总称。《政府采购法》于2002年6月29日通过，2003年1月1日起施行。

二、政府采购的概念与原则

(一)政府采购的概念

政府采购是指各级国家机关、事业单位和团体组织，使用财政性资金采购依法制定的集中采购目录以内的或者采购限额标准以上的货物、工程和服务的行为。

【考点提示】

(1)采购包括：购买、租赁、委托、雇用等。

(2)工程包括：建筑物和构筑物的新建、改建、扩建、装修、拆除、修缮等。

(3)政府采购的主体目前不包括国有企业。

(二)政府采购的原则(多选题)

(1)公开透明原则。

(2)公平竞争原则。

(3)公正原则。

(4)诚实信用原则。

【例题4-20·单选题】供应商认为采购人员及相关人员与其他的供应商有利害关系的可申请回避，体现的原则是(　　)。

A. 公开透明原则　　B. 公平竞争原则

C. 公正原则　　D. 诚实信用原则

【答案】B

三、政府采购的功能与执行模式

(一)政府采购的功能

(1)节约财政支出，提高采购资金的使用效益。

(2)强化宏观调控。

(3)活跃市场经济。

(4)推进反腐倡廉。

(5)保护民族产业。

【例题4－21·单选题】在政府采购中，优先采购和使用本国货物、商品和服务体现的是(　　)功能。

A. 节约财政支出，提高采购资金的使用效益

B. 强化宏观调控

C. 推进反腐倡廉

D. 保护民族产业

【答案】D

(二)政府采购的执行模式

根据《政府采购法》的规定，我国政府采购实行集中采购与分散采购相结合的执行模式。

【例题4－22·多选题】政府采购的对象范围是以合同方式有偿取得货物、工程和服务。其中的工程是指建设工程，具体包括(　　)工程。

A. 改扩建　　B. 装修　　C. 拆除　　D. 修缮

【答案】ABCD

【例题4－23· 判断题】我国政府采购实行以集中采购为主、分散采购为辅的执行模式。(　　)

【答案】×

【解析】我国政府采购实行集中采购和分散采购相结合的执行模式。

【例题4－24·多选题】政府采购的当事人是指在政府采购活动中享有权利和承担义务的各类主体。政府采购的当事人有(　　)。

A. 采购人　　B. 供应商　　C. 财政部门　　D. 采购代理机构

【答案】ABD

【例题4－25·多选题】我国政府采购实行集中采购和分散采购相结合的执行模式，具体的采购方式有(　　)。

A. 公开招标　　B. 邀请招标

C. 竞争性谈判　　D. 单一来源采购和询价

【答案】ABCD

第三节　国库集中收付制度

一、国库集中收付制度的概念

国库集中收付制度一般也称为国库单一账户制度，包括国库集中支付制度和收入收缴

管理制度，是指由财政部门代表政府设置国库单一账户体系，所有的财政性资金均纳入国库单一账户体系收纳、支付和管理的制度。

二、国库单一账户体系

国库单一账户是指所有的财政性资金的收入、支付、存储及资金清算活动均在该账户体系运行。

国库单一账户体系

类 型	使用账户的部门
1. 国库单一账户	财政部门开设的国库存款账户，与财政部“零”余额账户进行清算
2. 财政部门“零”余额账户	用于财政直接支付和与国库单一账户支出清算，该账户只在国库会计中使用
3. 预算单位“零”余额账户	用于财政授权支付和清算。该账户只在行政单位和事业单位会计中使用，可以办理转账、提现等结算业务
4. 预算外资金财政账户	用于预算外资金的收入和支出活动，该账户只在财政部门设立和使用
5. 特设专户	在按规定申请设置了特设专户的预算单位使用

三、财政收支的方式

(一)财政收入的收缴方式

财政收入的收缴方式

类 型	内 容
1. 直接缴库	由缴款单位或缴款人按照法律规定，直接将收入缴入国库
2. 集中汇缴	由税务机关等征收机关将所收的应缴收入汇总缴入国库

(二)财政支出的支付方式

财政支出的支付方式

类 型	内 容
1. 财政直接支付	包括：工资支出、工程采购支出、物品和服务采购支出
2. 财政授权支付	包括： (1)单项物品或单项服务购买额不足十万元人民币的购买支出。 (2)年度财政投资不足五十万元人民币的工程采购支出。 (3)特别紧急的支出和经财政部批准的其他支出

课后总复习题库

一、单选题

1. 《中华人民共和国预算法》是我国第一部财政基本法律，该部法律是从(　　)起施行的。该法共11章79条，是我国预算管理工作的根本性法律以及制定其他预算法规的基本依据。

A. 1994年1月1日　　B. 1995年1月1日

C. 1995年11月2日　　D. 1995年11月22日

【答案】B

2. 下列各职能部门中，具体负责国家预算编制、执行和决算工作的职能部门是(　　)。

A. 财政部门　　B. 税务部门　　C. 审计部门　　D. 各级人民政府

【答案】A

3. 编制单位预算、并接受财政拨款的相关部门和单位，被称作(　　)，是各级政府预算的基本构成要素。

A. 地方预算　　B. 预算单位　　C. 预算部门　　D. 预算职权

【答案】B

4. 中央预算的政府采购项目，其集中采购目录由(　　)确定并公布。

A. 国务院　　B. 国务院财政部门

C. 国家审计部门　　D. 供应商

【答案】A

5. 采用公开招标方式采购的，自招标文件开始发出之日起至投标人提交投标文件截止之日止，不得少于(　　)日。

A. 20　　B. 30　　C. 15　　D. 10

【答案】A

【解析】采用公开招标方式采购的，自招标文件开始发出之日起至投标人提交投标文件截止之日止，不得少于20日。

6. 下列各项中，不属于财政授权支付的是(　　)。

A. 单件物品或单项服务购买额不足10万元人民币的购买支出

B. 年度财政投资不足50万元人民币的工程采购支出

C. 特别紧急的支出

D. 工资支出

【答案】D

【解析】选项D属于直接支付。

7. 招标采购单位依法从符合相应资格条件的供应商中随机邀请(　　)家以上供应商，并以投标邀请书的方式，邀请其参加投标的方式才能构成邀请招标方式。

A. 5　　B. 3　　C. 4　　D. 2

【答案】B

8. 预算收入按照分享程度划分为中央预算收入、地方预算收入、中央和地方预算共享收入，下列税收收入属于中央和地方预算共享收入的税种是(　　)。

A. 营业税　　B. 关税　　C. 增值税　　D. 消费税

【答案】C

【解析】选项A属于地方税，选项BD属于中央税。选项C属于中央与地方共享税。

9. 各级政府本级和下级政府的年度收支经审核后汇编的预算，称为(　　)。

A. 中央预算　　B. 地方预算　　C. 总预算　　D. 部门单位预算

【答案】C

【解析】在地方预算中，乡级政府预算没有总预算。

10. 在下列各项中，属于国家预算活动最后程序的是(　　)。

A. 预算草案的编制　　B. 预算的审批

C. 预算的执行　　D. 决算

【答案】D

11. 在政府采购过程中，采购人员及相关人员与供应商有利害关系的应当回避，这体现的是政府采购的(　　)。

A. 公开透明原则　　B. 公平竞争原则

C. 公正原则　　D. 诚实信用原则

【答案】B

12. 根据我国政府采购法的规定，除极少数法定情形外，政府采购应当采购本国货物、工程和服务。这体现了政府采购的(　　)功能。

A. 节约财政支出　　B. 强化宏观调控

C. 保护民族产业　　D. 推进反腐倡廉

【答案】C

13. 纳入集中采购目录的政府采购项目，应当实行(　　)模式。

A. 集中采购　　B. 分散采购

C. 集中采购与分散采购相结合　　D. 自行采购

【答案】A

14. 在国库单一账户体系中，预算外资金专户用于记录、核算和反映预算外资金的收入和支出活动，该账户在(　　)设立和使用。

A。商业银行会计中　　B. 国库会计中

C. 行政单位和事业单位会计中　　D. 财政部门

【答案】D

15. 在国库单一账户体系中，该账户用于财政授权支付和清算，该账户可以办理转账、提取现金等结算业务，在行政事业单位会计中使用的账户是(　　)。

A. 财政部门的零余额账户　　B. 预算单位零余额账户

C. 预算外资金账户　　D. 特设专户

【答案】B

二、多选题

1. 下列政府采购的方式中，属于政府主要采购方式的是(　　)。

A. 公开招标　B. 邀请招标　C. 竞争性谈判　D. 单一来源与询价

【答案】ABCD

2. 财政部门的零余额账户，用于财政直接支付和与国库单一账户支付清算。该账户不得在(　　)会计中使用。

A. 财政部门　B. 行政单位　C. 事业单位　D. 国库

【答案】ABC

3. 下列关于对政府采购监督管理部门的表述，正确的有(　　)。

A. 政府采购监督管理部门不得设置集中采购机构

B. 不得参与支付采购项目的采购活动

C. 采购代理机构与行政机关不得存在上下级关系

D. 采购代理机构与行政机关不得存在其他利益关系

【答案】ABCD

4. 下列可以对政府采购进行监督管理的部门是(　　)。

A. 各级人民政府财政部门的监督　　B. 审计机关的监督

C. 监察机关的监督　　D. 来自任何单位和个人的社会监督

【答案】ABCD

5. 属于财政支出支付方式的有财政直接支付和财政授权支付两种，下列各项支出属于直接支付的项目有(　　)。

A. 工资支出

B. 服务采购支出

C. 工程采购支出

D. 单件物品或单项服务购买额不足10万元人民币的购买支出

【答案】ABC

【解析】选项D属于授权支付。

6. 集中采购是指由政府设立的职能机构统一为其他政府机构提供采购服务的一种采购组织实施形式。实行集中采购的优点体现在(　　)。

A. 减低采购成本　　B. 保证采购质量

C. 采购周期长　　D. 取得规模效益

【答案】ABD

【解析】选项C应表述为采购周期短。

7. 国家预算由预算收入和预算支出组成，国家预算的作用体现在(　　)。

A. 财力保证作用(是政府实施各项社会经济政策及政策得以运行的有效保证)

B. 调节制约作用(是国家财政管理的主导环节，调节社会总需求和总供给的平衡)

C. 反映监督作用(国家预算反映政府活动的范围、方向和国家政策，经人大审批后方能生效)

D. 是国家有计划地筹集、分配和管理财政资金的重要工具

【答案】ABC

8. 我国的国家预算根据国家政权结构和行政区划的不同，由(　　)组成。

A. 中央预算　　B. 地方预算　　C. 各级总预算　　D. 部门单位预算

【答案】ABCD

9. 税收是国家财政收入的主要来源，目前来自税收的收入占全部财政收入的90%以上，在我国的税收收入结构中，下列(　　)税种居于主体地位。

A. 流转税　　B. 财产税　　C. 资源税　　D. 所得税

【答案】AD

10. 预算收入按分享程度划分，可以分为(　　)。

A. 中央预算收入　　B. 地方预算收入

C. 中央和地方预算共享收入　　D. 中央和地方预算分享收入

【答案】ABC

11. 根据《预算法实施条例》第十八条的规定，中央预算的编制内容包括(　　)。

A. 本级预算收入和支出　　B. 上一年度结余用于本年度安排的支出

C. 返还或者补助地方的支出　　D. 地方上解的收入

【答案】ABCD

12. 编制决算草案由国务院财政部门部署，编制决算草案必须符合法律、行政法规的规定，做到(　　)。

A. 收入数额准确　　B. 支出数额准确

C. 内容完整　　D. 报送及时

【答案】ABCD

13. 政府采购是指各级(　　)使用财政性资金采购依法制定的集中采购目录以内或者采购限额标准以上的货物、工程和服务的行为。

A. 国家机关　　B. 国有事业单位

C. 国有企业　　D. 团体组织

【答案】ABD

【解析】目前不包括国有企业。

14. 供应商是指采购人提供货物、工程或服务的法人、其他组织或自然人。作为政府采购活动的供应商应具备的条件是(　　)。

A. 具有独立承担民事责任的能力

B. 具有良好的商业信誉和健全的财务会计制度

C. 有依法缴纳税收和社会保障资金的良好记录

D. 在参加政府采购活动前3年内，在经营活动中没有重大违纪记录

【答案】ABCD

15. 行政和事业单位会计使用“预算单位零余额账户”，该账户可以办理的业务有(　　)。

A. 办理转账业务

B. 办理提取现金等结算业务

C. 向本单位符合规定的相应账户划拨工会经费、住房公积金及提租补贴

D. 向本单位上级主管机关或所属下级单位账户划拨资金

【答案】ABC

【解析】选项D表述错误，预算单位零余额账户不得违反规定向本单位其他账户和上级主管单位所属下级单位账户划拨资金。

三、判断题

1. 政府采购监督管理部门设置集中采购机构，该机构不得参与政府采购项目的采购活动。(　　)

【答案】×

【解析】政府采购监督部门不得设置集中采购机构，更不得参与政府采购项目的采购活动。

2. 预算外资金财政专户，用于记录、核算和反映预算外资金的收入和支出活动，并用于预算外资金日常收支清算。该账户在行政单位和事业单位会计中使用。(　　)

【答案】×

【解析】该账户在财政部门设立和使用。

3. 财政部门的零余额账户，用于财政直接支付和与国库单一账户支出清算。该账户只能在国库会计中使用，行政事业单位的会计中不设置和使用该账户。(　　)

【答案】√

4. 邀请招标方式，是指招标采购单位依法从符合相应资格条件的供应商中随机邀请3家以上供应商，并以投标邀请书的方式，邀请其参加投标的方式。这是作为政府采购的主要采购方式。(　　)

【答案】×

【解析】概念是对的，错在“公开招标”才是政府采购的主要方式。

5. 中央预算的调整方案必须提请全国人民代表大会常务委员会审查和批准。(　　)

【答案】√

6. 各级预算由本级政府组织执行，具体工作由各级政府财政部门负责。(　　)

【答案】√

7. 上级政府返还或者给予补助而引起的预算收支变化，属于预算调整的范围。(　　)

【答案】×

8. 政府采购的主体是指各级国家机关、事业单位和团体组织以及国有企业。(　　)

【答案】×

【解析】不包括国有企业。

9. 预算支出按照主体不同，可分为中央预算支出和地方预算支出。(　　)

【答案】√

10. 集中采购机构应当建立健全内部监督管理制度，采购活动的决策和执行程序应当明确，并相互监督、相互制约。(　　)

【答案】√

第五章　会计职业道德

◉基本要求与考点提示

1. 了解会计职业道德的功能
2. 熟悉会计职业道德的含义
3. 熟悉加强会计职业道德教育的途径
4. 掌握会计职业道德规范的主要内容

第一节　会计职业道德概述

一、职业道德的特征与作用

（一）职业道德的概念

职业道德是指在一定职业活动中应遵循的、体现一定职业特征的、调整一定职业关系的职业行为准则和规范。

【提示】不同职业的人员在特定的职业活动中形成了特殊的职业关系，职业关系具体包括：

（1）职业主体与职业服务对象之间的关系。

（2）职业团体之间的关系。

（3）职业团体与国家之间的关系。

（二）职业道德的特征

职业道德是道德在职业实践活动中的具体体现。具有以下特征：①职业性（行业性）；②实践性；③继承性；④多样性。

【提示】医生的职业道德是救死扶伤，法官的职业道德是刚正不阿，而这些职业道德是来源于实践，被人们普遍认为的美德，所以职业道德具有继承性和多样性等特点。

（三）职业道德的作用

（1）促进职业活动的有序进行。

（2）对社会道德风尚会产生积极的影响。

二、会计职业道德的概念与特征

（一）会计职业道德的概念

会计职业道德是指在会计职业活动中应遵循的、体现会计职业特征的、调整会计职业关系的职业行为准则和规范。其含义包括以下几个方面：（多选题）

（1）会计职业道德是调整会计职业活动中各种利益关系的手段。

（2）会计职业道德具有相对稳定性。

（3）会计职业道德具有广泛的社会性。

（二）会计职业道德的特征

（1）会计职业道德具有一定的强制性。

会计职业道德是一种思想立法，如果不按照“守则、准则、条例”去做，有的虽然谈不上犯罪，但也是违反职业纪律的，更是道德所不允许的。

（2）会计职业道德较多关注公众利益。

会计职业的特殊性，要求会计人员客观公正，在会计职业活动中发生道德冲突时要坚持准则、把社会公众利益放在第一位。

三、会计职业道德的功能与作用

（1）会计职业道德的功能主要有：指导功能、评价功能、教化功能。

（2）会计职业道德的作用：

①会计职业道德是规范会计行为的基础。

②会计职业道德是实现会计目标的重要保证。

③会计职业道德是对会计法律制度的重要补充。

④会计职业道德是提高会计人员素养的内在要求。

四、会计职业道德与会计法律制度

（一）会计职业道德与会计法律制度的联系（多选题）

两者联系密切，主要表现在：

（1）两者在作用上相互补充、相互协调。

（2）两者在内容上相互渗透、相互吸收。

（二）会计职业道德与会计法律制度的区别（多选题）

（1）两者的性质不同。

（2）两者的作用范围不同。

（3）两者的表现形式不同。

(4)实施保证机制不同。

(5)两者的评价标准不同。

【例题5－1·多选题】会计职业道德是指在会计职业活动中应遵循的、体现会计职业特征的、调整会计职业关系的职业行为准则和规范。会计职业道德的含义包括(　　)。

A. 会计职业道德是调整会计职业活动中各种利益关系的手段

B. 会计职业道德具有相对稳定性

C. 会计职业道德具有广泛的社会性

D. 会计职业道德是会计法律制度的补充

【答案】ABC

【解析】选项D是会计职业道德的作用。

【例题5－2·判断题】受到会计职业道德谴责的，不一定受到会计法律制度的制裁，而受到会计法律制度制裁的，一般都会受到道德的谴责。(　　)

【答案】√

【例题5－3·多选题】会计职业道德具有的作用包括(　　)。

A. 会计职业道德是规范会计行为的基础

B. 会计职业道德是实现会计目标的重要保证

C. 会计职业道德是对会计法律制度的重要补充

D. 会计职业道德是提高会计人员素养的内在要求

【答案】ABCD

第二节　会计职业道德规范的主要内容

会计职业道德规范的主要内容：(32个字)

爱岗敬业、诚实守信、廉洁自律、客观公正、坚持准则、提高技能、参与管理、强化服务。

【提示】以上是每年出一道简答题的点，应有选择地重点记忆。

一、爱岗敬业

1. 爱岗敬业的含义及要求

爱岗敬业，指的是忠于职守的事业精神，这是会计职业道德的基础。

爱岗就是会计人员应该热爱自己的本职工作，安心于本职岗位，稳定持久地在会计天地中耕耘，恪尽职守地做好本职工作。

敬业就是会计人员认识本职工作的社会意义和价值，在职业活动中具有高度的劳动热情和创造性，以强烈的事业心、责任感从事会计工作。

2. 爱岗敬业的基本要求

(1)正确认识会计职业，树立职业荣誉感；

(2)热爱会计工作，敬重会计职业；

(3)安心工作，任劳任怨；

(4)严肃认真，一丝不苟；

(5)忠于职守，尽职尽责。

【例题5－4·多选题】爱岗敬业是会计职业道德的基础，爱岗敬业应当满足以下基本要求(　　)。

A. 正确认知会计职业，树立职业荣誉感

B. 热爱会计工作，敬重会计职业

C. 严肃认真、一丝不苟、安心工作、任劳任怨

D. 忠于职守、尽职尽责

【答案】ABCD

二、诚实守信

诚实是指言行跟内心思想一致，不弄虚作假、不欺上瞒下、做老实人、说老实话、办老实事。守信就是遵守自己所做出的承诺，讲信用、重信用、信守诺言，保守秘密。

诚实守信的基本要求：

(1)做老实人、说老实话、办老实事、不搞虚假；

(2)保密守信，不为利益所诱惑；

(3)执业谨慎，信誉至上。

【例题5－5·单选题】他终身提倡："信以立志，信以守身，信以处事，信以待人。"他被誉为中国现代会计学之父，这个人是(　　)。

A. 胡锦涛　　B. 潘序伦　　C. 朱镕基　　D. 邓小平

【答案】B

【例题5－6·多选题】诚实守信是做人的基本准则，也是会计职业道德的精髓，诚实守信的的要求有(　　)。

A. 做老实人、说老实话、办老实事、不搞虚假

B. 执业谨慎，信誉至上

C. 保守秘密，不为利益所诱惑

D. 忠于职守，尽职尽责

【答案】ABC

【解析】选项D是爱岗敬业的要求。

【例题5－7·判断题】会计人员应当保守本单位的商业秘密，不能私自向外界提供或者泄露单位的会计信息。（　　）

【答案】√

【例题5－8·单选题】绝对不能用商业秘密作为谋取私利的手段，这体现的是（　　）要求。

A. 爱岗敬业　　B. 诚实守信　　C. 坚持准则　　D. 廉洁自律

【答案】B

三、廉洁自律

廉洁就是不贪污钱财，不收受贿赂，保持清白。自律是指自律主体按照一定的标准、自己约束自己、自己控制自己的言行和思想的过程。廉洁自律是会计职业道德的前提，也是会计职业道德的内在要求，这是会计工作的特点所决定的。

【例题5－9·单选题】下列各项中，不属于“廉洁自律”基本要求的有（　　）。

A. 树立正确的人生观和价值观　　B. 公私分明，不贪不占

C. 遵纪守法，一身正气　　D. 自觉保守商业秘密

【答案】D

【解析】选项ABC是廉洁自律的基本要求。

【例题5－10·单选题】“常在河边走，就是不湿鞋”体现了会计职业道德的（　　）要求。

A. 诚实守信　　B. 廉洁自律　　C. 客观公众　　D. 坚持准则

【答案】B

四、客观公正

客观是指按事物的本来面目去反映，不掺杂个人的主观意愿，也不为他人意见所左右。公正就是平等、公平正直、没有偏失。

客观公正的基本要求：依法办事、实事求是、不偏不倚、保持独立性。

【例题5－11·判断题】注册会计师应始终站在第三者的独立立场上，不偏不倚地对待有关利益各方，体现的是客观公正的会计职业道德要求。（　　）

【答案】√

五、坚持准则

坚持准则是指会计人员在处理业务过程中，要严格按照会计法律制度办事，不为主观

或他人意志所左右。坚持准则的基本要求：熟悉准则、遵循准则、敢于同违法行为做斗争。

【例题 5－12·多选题】坚持准则是会计职业道德的核心，坚持准则应当做到(　　)。

A. 熟悉准则　　B. 遵循准则

C. 敢于同违法行为做斗争　　D. 依法办事

【答案】ABC

【解析】选项 D 是客观公正的基本要求。

六、提高技能

提高技能是指会计人员通过学习、培训和实践等途径，持续提高会计职业技能，以达到和维持足够的专业胜任能力的活动。这既是会计人员的义务，也是会计人员在职业活动中做到客观公正、坚持准则的基础，是参与管理的前提。

提高技能的基本要求：

(1)具有不断提高会计专业技能的意识和愿望。

(2)具有勤学苦练的精神和科学的学习方法。

【例题 5－13·多选题】“活到老学到老，刻苦钻研，锲而不舍”是提高技能的要求。就会计职业而言，职业技能包括(　　)。

A. 会计理论水平　　B. 会计实务操作能力

C. 职业判断能力　　D. 提供会计信息的能力

【答案】ABCD

【解析】提高技能还包括沟通交流能力以及职业经验等。

【例题 5－14·单选题】会计职业道德(　　)的要求，是会计人员在职业活动中做到客观公正、坚持准则的基础，也是参与管理的前提。

A. 爱岗敬业　　B. 廉洁自律　　C. 提高技能　　D. 坚持准则

【答案】C

七、参与管理

【例题 5－15·判断题】会计人员为管理者当参谋、为管理活动服务，体现了会计人员对企业经营活动的直接参与。(　　)

【答案】×

【解析】会计人员参与管理是对企业经营活动的间接管理。

八、强化服务

强化服务就是要求会计人员具有文明的服务态度、强烈的服务意识和优良的服务质量。强化服务就要“大事讲原则，小事讲风格，沟通讲策略，用语讲准确，建议看场合”。强化服务的基本要求：①强化服务意识；②提高服务质量。

【提示】需要注意的是，提高服务质量，并非是无原则地满足服务主体的需要，而是在坚持准则的基础上尽量满足用户或服务主体的需要。(判断题)

【例题5－16·案例题】某商场出纳员在报销差旅费时，对于同样是领导批准、主管会计审核无误的差旅费报销单，对和自己私人关系不错的人是随来随报，但对和自己有矛盾、私人关系较为疏远的人则以账面无款、库存无现金、整理账务等理由无故拖欠。试问：该出纳员是否遵守了财会人员的职业道德规范？如果你是出纳员，对此问题应如何处理？

【答案】这种做法是违背会计人员职业道德规范的行为，违背了客观公正和强化服务的道德要求。如果我是出纳人员，我会努力做到：实事求是，不偏不倚，对不同的服务对象一视同仁，同样热情服务，文明礼貌待人。树立强烈的服务意识，为管理者服务，为人民服务，不论服务对象职位的高低，都要摆正自己的工作位置，履行会计职能做好会计工作。

第三节　会计职业道德教育

一、会计职业道德教育的含义

会计职业道德教育，是指根据会计工作的特点，有目的、有组织、有计划地对会计人员施加系统的会计职业道德影响，促使会计人员形成会计职业道德品质、履行会计职业道德义务的活动。

二、会计职业道德教育的形式

会计职业道德教育的形式有：①接受教育(外在教育)；②自我修养(内在教育)。

三、会计职业道德教育的内容

会计职业道德教育的内容包括：①会计职业道德观念教育；②会计职业道德规范教育；③会计职业道德警示教育；④其他教育。

【例题5－17·判断题】对会计人员的职业道德教育，不仅有接受教育(参加培训)的形式，更为重要的是自我修养，通过自我修养提高会计人员的道德修养和业务素质。(　　)

【答案】√

【例题5－18·多选题】会计职业道德教育的内容是会计人员不断提高会计职业道德修

养的必修课，会计职业道德教育的内容有(　　)。

A. 会计职业道德观念教育　　B. 会计职业道德规范教育

C. 会计职业道德警示教育　　D. 其他教育

【答案】ABCD

【解析】选项D其他教育包括形势教育、品德教育和法制教育。

课后总复习题库

一、单选题

1. 会计人员做到两袖清风，不取不义之财，面对金钱不眼红是(　　)的要求。

A. 坚持准则　　B. 客观公正　　C. 廉洁自律　　D. 诚实守信

【答案】C

2. 会计专业技能的提高和学习必须持之以恒，不间断地学习、充实和提高，活到老学到老……这是(　　)的要求。

A. 爱岗敬业　　B. 提高技能　　C. 参与管理　　D. 服务群众

【答案】B

3. 在对单位(或雇主)的忠诚与国家及社会公众利益发生冲突时，会计人员应该忠实于国家、忠实于社会公众，承担起保护国家和社会公众利益的责任，体现了会计职业道德的(　　)特征。

A. 具有一定的强制性　　B. 较多关注公众利益

C. 奉献社会　　D. 客观公正

【答案】B

4. 注册会计师应始终站在第三者的立场上，不偏不倚地对待有关利益各方，不以牺牲一方利益为条件而使另一方受益，这体现的是(　　)的要求。

A. 廉洁自律　　B. 诚实守信　　C. 客观公正　　D. 坚持准则

【答案】C

5. 会计人员应当“依法办事、实事求是、不偏不倚、保持独立性”，这是(　　)的要求。

A. 客观公正　　B. 坚持准则　　C. 服务群众　　D. 奉献社会

【答案】A

6. 下列各项会计职业道德中，(　　)是会计职业道德的核心。

A. 爱岗敬业　　B. 廉洁自律　　C. 坚持准则　　D. 奉献社会

【答案】C

7. 会计人员应树立科学的人生观和价值观，自觉抵制享乐主义、个人主义、拜金主义等错误思想，这是在会计工作中做到(　　)的思想基础。

A. 诚实守信　　B. 客观公正　　C. 坚持准则　　D. 廉洁自律

【答案】D

8. 各级(　　)应负起组织和推动本地区会计职业道德建设的责任，并对会计职业道德情况实施必要的行政监督。

A. 地方政府　　B. 教育部门　　C. 财政部门　　D. 税务部门

【答案】C

9. 自觉抵制各种各样的利益诱惑，绝对不能用商业秘密作为谋取私利的手段，这体现的是(　　)精神。

A. 廉洁自律　　B. 诚实守信　　C. 客观公正　　D. 奉献社会

【答案】B

10. 注册会计师应始终站在(　　)立场上，不偏不倚地对待有关利益各方，独立、公正开展审计业务。

A. 国家　　B. 企业　　C. 第三者　　D. 利益较大者

【答案】C

二、多选题

1. 职业技能，也可称为职业能力，是人们进行职业活动、承担职业责任的能力和手段，就会计职业而言，职业技能包括(　　)。

A. 会计理论水平　　B. 会计实务操作能力

C. 提供会计信息的能力　　D. 沟通交流能力

【答案】ABCD

2. 下列各项关于会计职业道德与会计法律的表述，正确的有(　　)。

A. 在同一社会里，会计职业道德不是唯一的

B. 会计职业道德依靠会计人员自觉自愿地执行，具有很强的自律性

C. 受到会计职业道德谴责的，一定受到会计法律的制裁

D. 受到会计法律制裁的，一般都会受到会计职业道德的谴责

【答案】ABD

【解析】选项C表述错误。正确的表述是：受到会计职业道德谴责的，不一定都会受到会计法律的制裁。

3. 会计职业道德检查与奖惩的意义主要表现在(　　)。

A. 具有促使会计人员遵守职业道德规范的作用

B. 裁决与教育作用

C. 有利于形成抑恶扬善的社会环境

D. 有助于会计业务的提高

【答案】ABC

4. 会计职业道德教育的途径包括(　　)。

A. 会计学历教育中的职业道德教育　　B. 考取会计证学习中的职业道德教育

C. 取得会计证之后的继续教育　　D. 自我教育中的职业道德教育

【答案】ABCD

5. 爱岗敬业的基本要求包括(　　)。

A. 热爱会计工作，敬重会计职业　　B. 严肃认真、一丝不苟

C. 做老实人、说老实话、办老实事　　D. 忠于职守、尽职尽责

【答案】ABD

【解析】爱岗敬业的要求共五点，选项 C 是诚实守信的要求。

三、判断题

1. 加强会计职业道德建设，既是提高广大会计人员素质的一项基础工作，又是一项复杂的社会工程，更是各单位、各部门、各级财政部门的共同责任。(　　)

【答案】√

2. 会计职业道德的奖惩机制把会计职业道德要求和个人利益结合起来，体现了义利统一的原则。(　　)

【答案】√

3. 会计人员用"照镜子"的方法认真找出自己的缺点、差距，就是用"自律慎独法"进行自我教育，使之提高自己的精神境界。(　　)

【答案】×

【解析】自律慎独是指在单独处事、无人监督时，仍能坚持准则，不做任何有损国家、社会的事情。

4. 坚持准则是指会计人员在处理业务过程中，要严格按照会计法律制度办事，不为主观或他人意志所左右。熟悉准则是遵循准则的基础，只有熟悉准则才能按准则要求办事，遵循准则就要敢于同违法行为做斗争。(　　)

【答案】√

5. 当各经济主体的利益与国家利益、社会公众利益发生冲突的时候，会计职业道德不允许通过损害国家和社会公众利益而获取违法利益，但允许个人和各经济主体获取合法的自身利益。(　　)

【答案】√

6. 会计法律具有很强的他律性，而会计职业道德具有很强的自律性。(　　)

【答案】√

7. 受到会计职业道德谴责的，一定会受到会计法律的制裁。(　　)

【答案】×

【解析】受到会计职业道德谴责的，不一定受到会计法律制度的制裁；而受到会计法律

制裁的，一般都会受到道德的谴责。

8. 会计人员应当保守本单位的商业秘密。除法律规定和单位领导人同意外，不能私自向外界提供或者泄露单位的会计信息。(　　)

【答案】√

9. 会计职业道德中的参与管理就是要求会计人员积极主动地向单位领导反映本单位的财务、经营状况及存在的问题，主动提出合理化建议，积极参与决策的执行、检查和监督，为领导当好助手和参谋，因此体现了会计人员对单位经济活动的直接管理。(　　)

【答案】×

【解析】会计人员更多的是从事间接管理活动。

10. 在会计职业道德中的强化服务，就是要求会计人员在会计工作中提供上乘的服务质量，竭尽全力，不折不扣、无条件地满足用户和服务主体的需要。(　　)

【答案】×

【解析】强化服务是在坚持原则、坚持准则的基础上尽量满足用户和服务主体的需要，并非无条件、无原则地满足。

《财经法规与会计职业道德》考前总复习

一、单选题（为方便考生记忆，以下均为正确答案，无需选择！方括号内容是考点）

1. 会计法律制度是调整【会计关系】的法律规范。
2. 《会计法》是全国人大及其常委会制定的，是会计法律制度中【层次最高】的法律规范。
3. 会计行政法规是由【国务院】制定并发布，或者由【国务院有关部门】拟定并经国务院批准发布，调整经济生活中某些方面会计关系的法律规范。

   【提示】属于会计行政法规的有《总会计师条例》《企业财务会计报告条例》。属于行政法规的后边冠以“条例”二字。其制定依据是《会计法》。
4. 国家统一的会计制度是由【国务院财政部】制定的，如《企业会计制度》《会计基础工作规范》等。

   【提示】其法律地位低于《会计法》和行政法规。
5. 国务院【财政部门】主管全国的会计工作。
6. 担任单位会计机构负责人的，除取得会计证外，还应具备【会计师】以上技术资格或从事会计工作【3 年】以上。
7. 【单位负责人】对本单位的会计工作和会计资料的真实性、完整性负责。

   【提示】涉及会计法律方面的事情承担第一责任人的是【单位负责人】。
8. 对会计信息要求做到：内容真实、数字准确、资料可靠是【可靠性（客观性）】原则的要求。
9. 不高估资产或者收益、不低估负债或费用（合理核算可能发生的费用或损失）是【谨慎性】原则的要求。

   【提示】不得设置秘密准备。
10. 《会计法》规定，我国会计年度自公历 1 月 1 日起至 12 月 31 日止。【也是预算、财政年度】
11. 会计核算以人民币为记账本位币。人民币是我国的法定货币。
12. 对不真实、不合法的会计事项应向【单位负责人】报告。
13. 原始凭证有错误的，应由出具单位重开或更正。原始凭证金额有错的，不得更正，必须由出具单位重新开具。（案例题、判断题）
14. 会计挡案由会计机构保管一年以后，应移交单位档案管理机构或指定专人继续保管，保管期限分为定期保管和永久保管，定期保管时间最短的为 3 年【如月度、季度财务会计保告】，定期保管时间最长的为 25 年【如现金日记账和银行存款日记账】。

15. 会计人员每年参加继续教育的时间不得少于24 小时。继续教育的形式分为【接受培训和自学】两种。
16. 出纳人员不得兼管【稽核、会计档案保管和收入、费用、债权、债务账目】的登记工作。
17. 采用托收承付结算和委托银行收款方式销售货物，确认纳税义务的时间是【发出货物并办妥托收手续】的【当天】。
18. 一般会计人员办理交接手续应由【会计机构负责人(或会计主管人员)】监交。
19. 会计机构负责人办理交接手续由【单位负责人】监交。
20. 偷税数额在30%以下不满10万元的【处3年以下有期徒刑】，超过此数的判3年以上7年以下有期徒刑。
21. 单位负责人犯打击报复会计人员罪的，处3年以下有期徒刑或者拘役。
22. 商业银行有违法所得的，没收违法所得，【并处】以违法所得【1倍以上5倍以下】罚款。

【提示】关键词“并处”，有的违法行为用“可以处”表示，注意区别。
23. 银行对开户【一年】未发生任何业务的存款人，应通知存款人自发出通知【30】天内办理销户手续。

【提示】考试时对涉及天数的地方应当注意；如开业登记、税务登记等一般为30天。但注销登记为15天，取得会计证后从事会计工作应当在90天办理上岗注册登记，离岗登记为6个月。
24. 任何单位，只能在银行开立一个【基本存款】账户，这是企业的主办账户。
25. 临时存款账户的有效期最长不得超过2年。且注册验资的临时存款账户在验资期间只收不付。
26. 银行汇票是出票银行签发的，提示付款期限自出票之日起一个月。填明【现金字样】的银行汇票不得背书转让；但丢失票据可以挂失止付。
27. 支票的提示付款期限自出票之日起10日。(当天算一天)
28. 出票人签发空头支票、使用密码错误的支票，银行应予以退票，并按【票面金额】处以5%但不低于1 000元的罚款，持票人(收款方)可以要求出票人赔偿票面金额2%的赔偿金。(掌握计算)
29. 办理开业、变更登记的时间为30天，办理停业(注销)登记的时间是15天。
30. 增值税发票仅限于一般纳税人使用，小规模纳税人不得领购、使用增值税专用发票。
31. 发票不得拆本使用。不得转借、转让、代开发票。
32. 《会计法》规定，用电子【计算机软件】以及用【软件生成的会计资料】必须符合国家统一的【会计制度】的规定。
33. 原始凭证【金额】出现错误的，应由原出具单位【重新开具】。
34. 会计档案保管分为永久和定期两类，定期保管5年的有银行对账单、银行存款余额调节表、发票存根。

【提示】固定资产卡片账在【报废清理后】继续保管5年不包括在5年内。

35. 《会计法》规定，行使会计工作和预算管理职能的政府部门是【财政部】。

36. 可用于支付工资及奖金(提取现金)的账户是【基本存款】账户。

37. 银行汇票的出票人和付款人是【出票银行】。

38. 会计职业道德除具有职业道德的一般特征外，还具有一定的【强制性】和【较多关注公众利益】的特征。

39. 客观公正的基本要求包括:【依法办事、实事求是、不偏不倚、保持独立性】。

40. “常在河边走，就是不湿鞋”这句话体现的是【廉洁自律】的要求。

41. 《会计法》规定，财务会计报告应当由单位负责人、会计机构负责人(会计主管人员)【签名并盖章】，设置总会计师的单位还应由总会计师在财务会计报告上【签名并盖章】。

42. 在我国境内的外商投资企业，会计记录的文字在【使用中文的前提下】可同时选择一种外文。

43. 在我国境内业务收支以外币为主的企业，编制的【财务会计报告】必须折算为人民币反映。

44. 《会计法》规定，担任会计机构负责人的，除取得会计从业资格证书外还应具备会计师资格或从事会计工作3年以上。

45. 在会计职业活动中如果发生【道德冲突时】要坚持原则，应把【社会公众利益】放在第一位。

46. 《会计法》规定，单位负责人为单位会计行为的第一责任主体。

47. 依法定方式签发票据，将票据交付给收款人的人称为【出票人】。

48. 出票银行签发的、由其在见票时按照【实际结算金额】无条件支付给收款人或持票人的票据是银行汇票。

【提示】只有银行汇票的票面上有两个金额，一个是出票金额，一个是实际结算金额。

49. 存款人对用于基本建设、更新改造以及住房公积金等资金，可以向其开户银行出具相应的证明并开立【专用存款】账户。

50. 在转让票据时在票据背面签字或盖章并将票据交付给受让人的人称为【背书人】。

51. 会计账簿记录与相对应的实物资产、款项实有数额核对相符，称之为【账实相符】。

【提示】银行存款日记账余额与银行转来的对账单余额核对属于账实核对。

52. 银行审核支票支付的依据是支票出票人的【预留银行签章】。

53. 信用卡销户时，单位卡账户的余额应转入【基本存款】账户，不得提取现金。

54. 内部会计监督的对象是本单位的经济活动。

55. 【税务机关】是发票的主管机关，负责发票的印刷、领购、开具、取得、保管、销毁的管理和监督。

56. 会计人员对于工作中知悉的商业秘密应依法保守，不得泄露，这是会计职业道德中【诚实守信】的具体体现。
57. 反映公司、企业现金和现金等价物的流入和流出情况的会计报表是【现金流量表】。
58. 会计工作的特点决定了【廉洁自律】是会计职业道德之本，也是会计职业道德的【内在要求】。
59. 形势教育的重点是要贯彻“以德治国”的职业思想和诚信为本，操守为重，坚持准则，不做假账。【这是朱镕基总理的题词】
60. “慎独”是会计职业道德修养的【最高境界】，即在一个人【单独处事无人监督】的情况下也应该自觉地按照道德准则去办事。
61. 在我国会计职业道德规范中，坚持准则是会计人员做到依法办事的【核心】内容。
62. 滞纳税款的，按日加收【滞纳税款万分之五】的滞纳金。
63. 因【税务机关】的责任，致使纳税人未交、少交税款的，税务机关在【3 年内】可以要求纳税人补交，但是不得加收滞纳金。
64. 若因【纳税人】的计算错误等失误，税务机关可以在【3 年内追征税款、滞纳金】。特殊情况，追征期可以延长到 5 年。
65. 对偷税、抗税、欠税的，税务机关可以【无限期】追征。
66. 个人及其所抚养家属维持生活必须的住房和用品，不在税收保全措施范围之内。
67. 税务机关采取税收保全措施不当的，致使纳税人的合法权益遭受损失的，税务机关应当承担赔偿责任。
68. 纳税人伪造、变造、隐匿销毁账簿凭证，不缴或少缴税款的，处 50% 以上 5 倍以下罚款。
69. 从事会计工作的人员【必须持有会计证】，会计从业资格证书的管理实行属地原则。会计从业资格证书实行注册登记和年检制度。
70. 支付结算的发生取决于委托人的意志。银行在支付结算中是一个【中介机构】的角色。
71. 个人所得税采用的是【超额累进税率】。即把征税对象按数额的大小分出若干等级，每一个等级规定一个税率，税率依次提高。
72. 土地增值税采用的是【超率累进税率】。
73. 我国的【增值税】实现了由生产型向消费型的转换，允许纳税人购进固定资产时一次性抵扣进项税额。、
74. 增值税一般纳税人的【基本税率】为 17%，低税率为 13%。（与人民生活密切相关的粮油等）。
75. 采用【委托代销方式】销售商品的，确认纳税义务和收入的时间是【收到代销清单时】。
76. 在我国，个人所得税实行以【代扣代缴】为主、自行申报为辅的征收方式。
77. 我国政府采购采用【集中采购与分散采购相结合】的采购模式。
78. 属于中央预算的政府采购项目，其【集中采购目录】和政府采购限额标准由【国务院】

确定并公布。

79. 税收具有强制性、无偿性、固定性的特征。其中税收的【无偿性】是税收三性的【核心】。
80. 【税率】是税法的【核心】要素，也是衡量【税负轻重与否】的重要标志。
81. 个人所得税实行的是"超额累进税率。所得适用由【3% ~45%】税率。
82. 稿酬所得适用比例税率，税率20%，并按应纳税额减征30%。实际税率为14%。
    【提示】注意"公式"，只有稿酬所得税有减征30%的情形。
83. 偶然所得适用于比例税率，税率为20%。(如彩票中奖)
84. 【税款征收】是税收征收管理工作的【中心环节】。
85. 【查账征收】适合于经营规模较大、财务制度健全、能够如实核算和提供生产经营状况的纳税人。(如大中型企业、股份公司等)
86. 在营业税中，娱乐业适用的营业税税率是20%。
87. 根据规定，有权制定各种法律的【职能部门】是全国人民代表大会及其常委会。
88. 【征税对象】是区别不同税种的主要【标志】。如：对所得征税是个人所得税；对营业额征税是营业税；对增值额征税是增值税等。
89. 属于【中央税】的税种有关税和消费税。
90. 我国的国家预算实行一级政府一级预算，我国共设立了五级预算。除中央级以外有四级地方政府预算。
91. 行政单位和事业单位会计中设预算单位零余额账户。
92. 只能从唯一供应商处采购的物品以及发生了不可预见的紧急情况可以采用【单一来源】方式采购。
93. 可以办理转账、提取现金等结算业务，用于财政授权支付和清算的账户是预算单位零余额账户。
94. 会计法律制度调整的【范围】侧重于会计人员的【外在行为和结果】。
95. 属于中央预算的政府采购项目，其集中采购目录和政府采购限额标准由【国务院】确定并公布。
96. 政府采购对所有供应商应一视同仁、任何单位和个人无权干预采购活动的正常开展体现了【公正原则】。
97. 《中华人民共和国预算法》于【1995年1月1日】起施行，是我国第一部财政基本法律。
98. 政府采购不包括【国有企业】。
99. 行政事业单位的【工资支付】属于财政【直接支付】。
100. 财政部门的【零余额账户】在国库会计中使用。

二、多选题(以下全部是标准答案，不需要选择。提供的是题干及要选的答案)

1. 会计法律制度的构成。

A. 《会计法》 B. 会计行政法规
C. 国家统一的会计制度 D. 地方性会计法规

2. 会计工作管理体制包括的内容：
A. 会计工作由谁管理 B. 会计制度的制定权限
C. 会计人员的管理 D. 单位内部的会计工作管理

3. 国家统一的会计制度主要包括三个方面：
A. 国家统一的会计核算制度
B. 国家统一的会计机构和会计人员管理制度
C. 国家统一的会计工作管理制度

4. 会计资料是在核算过程中形成的记录和反映实际发生的经济业务事项的资料，包括：
A. 会计凭证 B. 会计账簿
C. 财务会计报告 D. 其他会计资料

【提示】其他会计资料包括：【银行存款余额调节表、会计档案保管清册、会计档案移交清册、会计档案销毁清册】。

5. 《会计法》对会计电算化做出了两方面的规定：
A. 使用的会计【核算软件】必须符合国家统一的会计制度的规定
B. 【用软件生成】的会计资料必须符合国家统一的会计制度的规定

6. 下列经济业务事项应当办理会计手续，进行会计核算。
A. 款项和有价证券的收付 B. 财物的收发、增减和使用
C. 债权债务的发生和结算 D. 资本、基金的增减
E. 收入、支出、费用、成本的计算 F. 财务成果的计算和处理

7. 会计核算将连续不断的经营过程人为化分为若干相等的期间，会计期间分为：
A. 年度 B. 半年度 C. 季度 D. 月度

8. 货币作为商品的一般等价物，具有下列特点：
A. 价值尺度 B. 流通手段 C. 储藏手段 D. 支付手段

9. 会计凭证按照填制程序和用途不同分为：
A. 原始凭证 B. 记账凭证

10. 各单位应当依法设置的账簿包括：
A. 总账 B. 明细账
C. 日记账 D. 其他辅助账簿(也称备查账)

11. 账目核对应做到：
A. 账实相符 B. 账证相符 C. 账账相符 D. 账表相符

12. 财务会计报告由下列几部分组成：
A. 会计报表(资产负债表、利润表、现金流量表)
B. 会计报表附注

C. 财务情况说明书

13. 在财务会计报告上【签名并盖章】的有：

A. 单位负责人　　B. 主管会计工作的负责人　　C. 会计机构负责人

【提示】如果是大、中型企业设置了总会计师的，总会计师也要签名并盖章。需要说明的是，总会计师是行政职务，不是技术资格。

14. 目前我国已形成了三位一体的会计监督体系，包括：

A. 单位内部监督　　B. 以注册会计师为主体的社会监督

C. 以政府财政部门为主体的政府监督

15. 内部会计监督的主体是各单位的：

A. 会计机构　　B. 会计人员

16. 财政部门可以依法对各单位的下列情况进行监督：

A. 各单位是否依法设置会计账簿

B. 各单位的会计资料是否真实、完整

C. 各单位的会计核算是否符合《会计法》和会计制度的规定

D. 会计人员是否具备从业资格(有无会计证)

17. 一个单位是否需要设置会计机构，取决于以下几个方面的因素：

A. 单位规模的大小　　B. 经济业务和财务收支的繁简

C. 经营管理的要求

18. 会计专业技术资格分为：

A. 初级资格　　B. 中级资格　　C. 高级资格

19. 行政责任和刑事责任的区别：

A. 追究的违法行为不同　　B. 追究责任的机关不同

C. 承担法律责任的后果不同

20. 加强会计市场的管理是社会主义市场经济的必然要求。会计市场管理具体包括：

A. 会计市场准入管理　　B. 会计市场运行管理

C. 会计市场退出管理

21. 违反《会计法》的十种违法行为应承担的法律责任有：

A. 责令限期改正　　B. 罚款

C. 给予行政处分　　D. 吊销会计证

E. 依法追究刑事责任

【提示】这里并非吊销营业执照，有出"干扰"项的可能。

22. 伪造、变造、隐匿、销毁会计资料的，按照《会计法》的规定予以以下处罚：

A. 通报　　B. 罚款

C. 行政处分　　D. 吊销会计从业资格证书

23. 共同犯罪应当具备三个条件：

A. 几个犯罪人有共同故意　　B. 几个犯罪人必须有共同的犯罪行为

C. 共同犯罪具有共同的犯罪客体

24. 对受打击报复的会计人员可采取的补救措施有：

A. 恢复其名誉　　B. 恢复原有职位

C. 恢复原有级别

25. 支付结算的原则：

A. 恪守信用、履约付款原则　　B. 谁的钱进谁的账、由谁支配原则

C. 银行不垫款原则

【提示】对空头支票不予付款就体现了银行不垫款原则。

26. 票据和结算凭证的下列内容不得更改，更改的票据无效。

A. 金额　　B. 出票或者签发日期

C. 收款人名称

【提示】这是票据的绝对记载事项。

27. 单位银行结算账户的种类：

A. 基本存款账户　　B. 一般存款账户

C. 专用存款账户　　D. 临时存款账户

28. 基本存款账户的业务范围有：

A. 存现　　B. 提现　　C. 办理转账结算

29. 票据的功能有：

A. 信用　　B. 支付　　C. 汇兑　　D. 结算

30. 在我国，票据包括：

A. 银行汇票　　B. 商业汇票　　C. 银行本票　　D. 支票

【提示】票据的核算仅指“商业汇票”，其余均为见票即付的票据。

31. 票据的基本当事人包括：

A. 出票人　　B. 收款人　　C. 付款人

32. 票据行为包括：

A. 出票　　B. 背书　　C. 承兑　　D. 保证

33. 票据记载事项可分为：

A. 绝对记载事项　　B. 相对记载事项

C. 任意记载事项

34. 下列有关银行汇票的表述，正确的有：

A. 填明“现金”字样的银行汇票可以提取现金

B. 填明“现金”字样的银行汇票可以挂失止付

C. 填明“现金”字样的银行汇票不得背书转让

35. 票据丧失后可以采取的补救措施有：

A. 挂失止付　　B. 公示催告　　C. 普通诉讼

36. 税务登记的种类有：

A. 开业登记　　B. 变更登记

C. 停业、复业登记　　D. 注销登记

E. 外出经营报验登记

37. 发票的种类：

A. 增值税专用发票　　B. 普通发票（包含行业发票和专业发票）

C. 专用发票

38. 纳税申报方式包括：

A. 直接申报　　B. 邮寄申报

C. 数据电文申报　　D. 其他方式

39. 职业道德除具有道德的一般特征外还具有如下特征：

A. 职业性　　B. 实践性　　C. 继承性　　D. 多样性

40. 职业道德的主要内容有：（注意与会计职业道德的 32 个字内容相区别）

A. 爱岗敬业　　B. 诚实守信　　C. 办事公道　　D. 服务群众

E. 奉献社会

41. 会计职业道德的作用：

A. 会计职业道德是规范会计行为的基础

B. 会计职业道德是实现会计目标的重要保证

C. 会计职业道德是对会计法律制度的重要补充

42. 会计职业道德与会计法律制度的联系：

A. 两者在作用上相互补充、协调　　B. 两者在内容上相互渗透、相互重叠

C. 两者在地位上相互转化、相互吸收

【提示】总之，会计职业道德是会计法律规范实施的重要的社会和思想基础，会计法律制度是促进会计职业道德规范形成和遵守的制度保障。

43. 会计职业道德与会计法律制度的主要区别：

A. 两者的性质不同（会计法律具有很强的他律性，会计职业道德来自于约定俗成）

B. 两者的作用范围不同（受到会计职业道德谴责的不一定违法，而受到会计法律制裁的一般会受到道德的谴责）

C. 两者的表现形式不同

D. 实施保障机制不同

E. 两者的评价标准不同

44. 会计职业道德教育的内容：

A. 会计职业道德观念教育

B. 会计职业道德规范教育

C. 会计职业道德警示教育

D. 相关教育（形势教育、品德教育、法制教育）

45. 会计职业道德的自我教育是会计职业道德教育的一种重要形式，自我教育内容包括：

A. 职业义务教育　　B. 职业荣誉教育　　C. 职业节操教育

46. 根据《支付结算办法》的规定，下列各项中，属于无效票据的有：

A. 更改签发日期的票据

B. 更改收款单位名称的票据

C. 中文大写金额和阿拉伯数字不一致的票据

D. 使用的签章与预留银行签章不符的票据

47. 下列关于支票填制的表述，符合规定的有：

A. 签发日期应填写实际出票日期

B. 支票正联出票日期应汉字大写

C. 阿拉伯数字金额前应填写人民币符号“￥”

D. 存根联与支票正联的用途应当保持一致

48. 商业汇票按承兑人的不同分为：

A. 商业承兑汇票　　B. 银行承兑汇票

49. 会计职业道德检查与奖惩的意义

A. 具有促使会计人员遵守职业道德规范的作用

B. 起着道德法庭的作用

C. 有利于形成抑恶扬善的社会环境

50. 根据《税收征收管理法》的规定，下列情形中，税务机关有权核定纳税人的应纳税额：

A. 拒不提供纳税资料的

B. 按规定应设置账簿而未设置的

C. 虽设置账簿，但账目混乱，难以查账的

51. 不会导致票据行为失效的是：

A. 未记载付款日期（付款日期、付款地属于相对记载事项）

B. 未记载付款地

C. 未记载“不得转让”字样（属于任意记载事项）

52. 绝对记载事项是指《票据法》明文规定必须记载的，如果不记载票据即无效的事项，如：

A. 出票人签章（不签章无效）　　B. 使用支付密码的，无支付密码无效

C. 出票日期、出票金额、收款人名称

53. 下列关于商业汇票的表述，正确的有：

A. 商业汇票的出票人，应为在银行开立存款账户的法人或其他组织

B. 具有支付汇票金额的可靠资金来源，且商业汇票必须经过承兑才可获得款项

C. 商业汇票的付款期限最长 6 个月，提示付款期限自汇票到期日起 10 天

D. 商业汇票在到期前可以背书转让，但不得提取现金

54. 消费税是对在我国境内从事生产、委托加工和进口应税消费品的单位和个人，就其销售额或销售数量，在特定环节征收的一种税。下列各项中，属于消费税的计税方法的是：

A. 从价定率　　B. 复合计税　　C. 从量定额

55. 税法按照税收法律级次划分，可以分为：

A. 税收法律　　B. 税收法规　　C. 税收规章　　D. 税收规范性文件

【解析】

A. 税收法律。包括《中华人民共和国个人所得税法》《中华人民共和国企业所得税法》《中华人民共和国税收征收管理法》。以上的法律地位仅次于宪法，高于税收法规、规章。

B. 税收法规。包括国务院制定的税收行政法规和地方立法机关制定的税收地方法规。

C. 税收规章。是我国税法体系的必要组成部分，但其法律效力较低。一般情况下，税收规章不作为税收司法的直接依据，而只具有参考性的效力。

D. 税收规范性文件。是县级以上税务机关依照法定职权和规定程序制定并公布的文件，不含国税总局的部门规章和税收规范性文件。

56. 按照税收法律级次划分，下列各项中，其法律地位仅次于我国宪法的是：

A.《中华人民共和国个人所得税法》　　B.《中华人民共和国企业所得税法》

C.《中华人民共和国税收征收管理法》

57. 在计算个人所得税应纳税所得额时，每月收入额中的免税项目有：

A. 基本养老保险　　B. 基本医疗保险

C. 失业保险　　D. 住房公积金

【提示】除此之外，独生子女费、托儿所补贴也属于免税项目。

58. 在计算企业所得税时，准予从收入中扣除的项目有：

A. 成本（主营业务成本、其他业务成本）

B. 费用（期间费用）

C. 营业税金及附加

D. 损失（如计提的坏账准备、自然灾害损失等）

59. 财政部门对会计市场的监督检查主要包括下列内容：

A. 对会计信息质量的检查　　B. 会计师事务所执业质量的检查

C. 会计行业自律组织的检查

60. 法律责任主要规定了两种责任形式：行政责任和刑事责任。在行政责任中分别有行政处罚和行政处分，受到行政处罚的法律责任有：

A. 警告　　B. 罚款　　C. 没收违法所得

【解析】没收违法所得的是行政处罚，而“没收财产”属于刑事责任，请考生注意两者的区别。

61. 在我国，消费税采用复合计税的有：

A. 卷烟　　　　B. 白酒

【解析】对卷烟和白酒采用复合计税方法计算应交的消费税税额，计算公式：销售额 × 比例税率 + 销售数量 × 定额税率。

62. 在政府采购方式中的“单一来源”方式，应当符合下列情形之一：

A. 货物只能从唯一供应商处采购的

B. 发生了不可预见的紧急情况下不能从其他供应商处采购的

C. 必须保证原有采购项目一致性或者配套服务的要求，需要继续从原供应商处添购，且添购资金总额不超过原合同采购金额 10% 的

【提示】最后的“10%”比例做单选题准备。

63. 政府采购监督部门的“不得”是指：

A. 不得设置集中采购机构

B. 不得参与政府采购项目的采购活动

C. 采购代理机构与行政机关不得存在隶属关系或者其他利益关系

64. 对政府采购的内部监督有以下要求：

A. 采购标准和采购结果应当公开

B. 任何单位和个人不得要求采购人或者采购工作人员向其指定的供应商进行采购

C. 采购人员经考核不合格的，不得继续任职

D. 经办采购的人员与负责采购合同审核 、验收人员的职责权限应当明确并相互分离

65. 实行财政直接支付的支出有：（是由财政部门开具支付令）

A. 工资支出　　　B. 购买支出　　　C. 转移支付（指中央对地方的转移支付）

66. 政府采购的当事人：

A. 采购人　　　B. 供应商　　　C. 采购代理机构

67. 政府采购的功能：

A. 节约财政支出，提高采购资金的使用效益

B. 强化宏观调控

C. 活跃市场经济

D. 推进反腐倡廉

E. 保护民族产业

68. 供应商参加政府采购活动应当具备的条件：

A. 具有独立承担民事责任的能力

B. 具有良好的商业信誉和健全的财务会计制度

C. 具有履行合同所必须的设备和专业技术能力

D. 参加政府采购活动前3年内，在经营活动中没有重大违法记录

E. 有依法缴纳税收和社会保障资金的良好记录

【提示】选项D注意“3年”，可以出判断题。

69. 地方预算收入是指按照分税制财政管理体制，纳入地方预算、中央不参与分享的收入，具体包括：

A. 地方本级政府的收入

B. 中央按照规定返还地方的收入

C. 中央按照规定补助地方的收入

70. 各级政府编制年度预算草案的依据：

A. 法律法规

B. 国民经济和社会发展计划、财政中长期计划以及有关的财政经济政策

C. 本级政府的预算管理职权和财政管理体制确定的预算收支范围

D. 上一年度预算执行情况和本年度预算收支变化因素

E. 上级政府对编制本年度预算草案的指示和要求

三、判断题

1. 会计法律制度是指由国家权力机关和行政机关制定的各种有关会计工作的规范性文件的总称，它是调整会计关系的法律规范。

【答案】√

2. 《企业会计准则》属于会计行政法规。

【答案】×

【解析】《企业会计准则》属于国家统一的会计制度。

3. 由各级人民政府财政部门管理本行政区域内的会计工作，体现了“统一领导、分级管理”的原则。

【答案】√

4. 各地方财政部门可制定适用本地方的会计制度。

【答案】√

5. 根据《会计法》的规定，会计记录的文字只能使用中文。

【答案】×

【解析】国家机关、社会团体、企事业单位的会计记录应当使用中文，在民族自治地区，会计记录的文字在使用中文的前提下可同时使用当地的一种通用文字。

6. 在我国境内的外资企业也必须以人民币作为记账本位币。

【答案】×

【解析】业务收支以外币为主的企业，可以选择某种货币作为记账本位币。

7. 税务机关检查纳税人账簿、记账凭证、报表和有关资料属于会计工作政府监督的范畴。

【答案】√

8. 各级财政部门实施会计监督检查时，有权向与被监督单位有经济业务往来的单位和被监督单位开立账户的金融机构查询有关情况。

【答案】√

9. 根据《会计法》的规定，财政部门有权对会计师事务所出具审计报告的程序和内容进行监督。

【答案】√

10. 会计机构、会计人员对违反《会计法》和国家统一的会计制度规定的会计事项，必须请示单位负责人，按单位负责人的指示办理，不得擅自处理。

【答案】×

【解析】会计人员应当坚持准则，对违反《会计法》和国家统一的会计制度规定的会计事项有权不予处理，当本单位利益与社会公众利益发生冲突的时候，应当把社会公众利益放在第一位。

11. 根据《会计法》的要求，所有单位都必须设置会计机构。

【答案】×

【解析】一个单位是否设置会计机构取决于三个方面的因素：一是单位规模的大小，二是业务收支的繁简，三是经营管理的要求。如果不设置会计机构的，也应当在本单位内部设置会计主管人员，通常的做法可以实行代理记账或请兼职会计处理本单位的会计业务。

12. 会计人员严重违反会计职业道德，财政部门可吊销其会计从业资格证书，不允许其继续从事会计工作。

【答案】√

13. 会计工作交接后，接管会计工作的人员必须另立账簿，不得继续使用移交前的账簿。

【答案】×

【解析】会计工作交接后，接管会计工作的人员必须继续使用移交前的会计账簿，不得另立会计账簿，以保证会计工作的前后衔接。

14. 会计工作移交时，由于接管人员疏忽，没有发现所接受的会计资料在真实性、合法性、完整性方面存在问题，如事后发现，应由原移交人员负责。

【答案】√

15. 会计机构负责人(会计主管人员)也是会计人员，所以应当同其他从事会计工作的人员一样，也必须取得会计从业资格证书，同时还应当具备会计师以上职业技术资格或者从事会计工作3年以上经历。

【答案】√

16. 会计从业资格证书是具备会计从业资格的证明文件，是证明能够从事会计工作的唯一凭证，不得涂改、转让。

【答案】√

17. 《会计法》规定，会计人员在调动工作或离职时必须办理工作交接，但会计人员临时离职或其他原因暂时不能工作时，可不办理工作交接。

【答案】×

【解析】临时因病不能工作以及恢复工作时均应当办理会计工作的交接。且交接手续一式三份，双方签字后各执一份，存档用一份。交接时还应当由有关人员进行监交。

18. 单位根据管理的需要，可在法定会计账簿之外再设置有特定用途的会计账簿。

【答案】×

【解析】各单位的会计业务必须在统一的会计账簿上进行记录，不得私设账外账。

19. 会计人员私设会计账簿、随意变更会计处理方法的，情节严重的，由县级以上人民政府财政部门吊销会计从业资格证书。

【答案】√

20. 任何单位不得以未经审核的会计凭证为依据登记会计账簿。

【答案】√

【解析】只有审核无误的会计凭证才是登记会计账簿的依据。

21. 纳税人在停业期间发生纳税义务的，应当申报缴纳税款。

【答案】√

22. 会计工作交接完毕后，交接双方和监交人应在移交清册上签名并盖章，移交清册填制一式两份，交接双方各持一份。

【答案】×

【解析】移交清册应当一式三份。

23. 会计工作移交时，库存现金要根据会计账簿余额进行当面点交，不得短缺；接管人员发现不一致或者“白条抵库”现象时，移交人员在规定期限内负责查清处理。

【答案】√

24. 爱岗敬业、诚实守信是对会计从业人员的职业行为的基础要求。

【答案】√

25. 奉献社会，就是全心全意为社会做贡献，奉献社会则是五项要求中的最高境界。

【答案】√

26. 从会计工作的特殊性出发，《会计基础工作规范》对会计人员回避问题做出了规定，即：国家机关、国有企业、事业单位任用会计人员应当实行回避制度，单位负责人的直系亲属不得担任本单位的出纳。

【答案】×

【解析】单位负责人的直系亲属不得担任会计机构负责人。会计机构负责人的直系亲属不得在本单位会计机构担任出纳。在此提示考生，直系亲属是指父母、子女、夫妻之间以及三代以内的旁系血亲，如侄子、外甥等均属于回避的对象。

27. 根据《会计法》的规定，须经注册会计师进行审计的单位，应当向受委托的会计师事务所如实提供会计凭证、会计账簿、财务会计报告和其他会计资料以及有关情况。任何单位或者个人不得以任何方式要求或者示意注册会计师及其所在的会计师事务所出具不实或者不当的审计报告。

【答案】√

28. 根据《会计法》的规定，会计机构和会计人员应当按照国家统一的会计制度的规定对原始凭证进行认真审核，原始凭证有错误的，应当由出具单位重开或者更正，更正处应加盖出具单位印章。原始凭证金额有错误的，应当由出具单位重开，不得在原始凭证上更改。

【答案】√

29. 增值税专用发票只限于增值税一般纳税人领购使用，小规模纳税人不得领用增值税专用发票，即使取得增值税专用发票也没有抵扣权。

【答案】√

30. 付款人承兑商业汇票，应当在汇票正面记载“承兑”字样和承兑日期并签章。承兑商业汇票不得附有条件，承兑附有条件的，视为拒绝承兑。

【答案】√

31. 商业汇票可以背书转让，但填明“不得转让”字样的，汇票不得背书转让。

【答案】√

【解析】票据上标明“不得转让”的，则票据不得转让，这是票据的任意记载事项。

32. 用于支取现金的支票、标明“现金”字样的银行汇票、银行本票均不得背书转让。

【答案】√

33. 票据的出票日期使用小写的，银行可视信用程度予以受理，但由此产生损失的由出票人自行承担。

【答案】×

【解析】票据的出票日期使用小写的，银行不予受理。

34. 商业承兑汇票既可以由付款人签发，也可以由收款人签发，但均由付款人承兑。

【答案】√

35. 当单位利益与社会公众利益发生冲突时，会计人员应首先考虑本单位利益，然后再考虑社会公众利益。

【答案】×

【解析】会计职业道德的特征之一是较多关注社会公众利益。

36. 会计人员遵守会计职业道德情况是会计人员晋升、晋级、聘任会计专业职务、表彰奖励的主要考核依据。

【答案】×

【解析】会计人员遵守会计职业道德情况是会计人员晋升、晋级、聘任会计专业职务、表彰奖励的重要考核依据并非主要依据。

37. 会计工作是企业管理的组成部分，但更多的是从事间接管理活动。

【答案】√

38. 在会计工作中做到：“大事讲原则，小事讲风格，沟通讲策略，用语讲准确，建议看场合”体现了强化服务的要求。

【答案】√

39. 单位内部审计属于会计岗位，而社会审计、政府审计工作不属于会计岗位。

【答案】×

【解析】以上均不属于会计岗位。

40. 任何单位和个人未经批准，不得跨规定的使用区域携带、邮寄、运输空白发票，禁止携带、邮寄或者运输空白发票入境。

【答案】√

41. 增值税专用发票的格式是由国税总局确定的。

【答案】√

42. 只要受到会计职业道德谴责的，一定会受到会计法律的制裁。

【答案】×

【解析】正确的表述为：受到会计法律制裁的一般都会受到会计职业道德的谴责；而受到会计职业道德谴责的不一定受到会计法律的制裁。

43. 违反《会计法》构成犯罪的，依法追究刑事责任。

【答案】√

44. 会计人员职业道德是会计人员在会计工作中应当遵循的道德纪律和标准。

【答案】×

【解析】正确的表述是“规范”而非标准。

45. 不能践踏人民利益，不能利用人民赋予的权利随心所欲、谋取私利，这是服务群众的要求。

【答案】√

46. 未使用按中国人民银行统一规定印制的票据无效；未使用中国人民银行统一规定格式的结算凭证，银行不予受理。这就是一种要式行为。

【答案】√

47. 银行在办理结算当事人之间的款项划拨，不承担垫付任何款项的责任。

【答案】√

【解析】这是银行的不垫款原则。

48. 代销、寄销、赊销商品的款项，不得办理托收承付结算。

【答案】√

49. 如果大写金额数字书写中，使用繁体字，也应受理。

【答案】√

50. 票据的记载事项分为绝对记载事项、相对记载事项和任意记载事项，票据和结算凭证的金额、出票或者签发日期、收款人名称不得更改，更改的票据无效。

【答案】√

51. 对票据和结算凭证上的任何记载事项均不得涂改。

【答案】×

【解析】票据的出票日期、出票金额和付款人名称不得更改，其他的内容可以更改，但必须是原记载人更改，更改时应当由原记载人在更改处签章证明。

52. 开户单位在销售活动中，为了及早收回货款，应鼓励客户用现金结算，以减少坏账损失的发生。

【答案】×

【解析】转账支票与现金有同等的支付能力，不得给予使用现金结算比转账结算更为优惠的待遇。

53. 票据追索权是指票据当事人行使付款请求权遭到拒绝或其他法定原因存在时，向其前手请求偿还票据金额及其他法定费用的权利。行使票据追索权的当事人可以是收款人、最后的被背书人、保证人、背书人。

【答案】√

54. 票据上虽未记载付款地、付款人的营业场所等内容，根据法律的有关规定，票据依然有效，这属于票据记载事项中的相对记载事项。

【答案】√

55. 支票分为现金支票、转账支票和普通支票，可以提取现金的有现金支票和普通支票。

【答案】×

【解析】划线支票是普通支票的一种，不得提取现金。

56. 注册会计师审计与内部审计之间既有联系又有区别，区别之一在于：注册会计师出具的审计报告具有鉴证作用，而内部审计的结果只对本部门、本单位负责，不对外公开。

【答案】√

57. 保证人对合法取得汇票的持票人所享有的汇票权利，承担保证责任。被保证的汇票，保证人应当与被保证人对持票人承担连带责任。

【答案】√

【提示】这里的“被保证人”一般为出票人。

58. 只要在中国境内金融机构开立存款账户的单位均可申领信用卡的单位卡，单位卡可申领若干张，但申领的附属卡最多不得超过 2 张。

【答案】×

【解析】开立基本存款账户的单位可申领信用卡。

59. 汇兑的撤销是指汇款人对汇出银行已经汇出的款项请求退回汇款的行为。

【答案】×

【解析】这是退汇含义。所谓“撤汇”是指已经办好汇兑手续，在款项尚未汇出之前改变主意不再汇出的款项。

60. 税收与其他财政收入形式相比，具有强制性、无偿性和固定性的特征，其中强制性是税收三性的核心。

【答案】×

【解析】无偿性是税收三性的核心。

61. 税收规章是我国税法体系的必要组成部分，但其法律效力较低。一般情况下，税收规章不作为税收司法的直接依据，而只具有参考性的效力。

【答案】√

62. 纳税人与负税人是两个既有联系又有区别的概念，纳税人如果能够通过一定途径把税款转嫁或转移出去，纳税人就不再是负税人，否则纳税人就是负税人。

【答案】√

63. 全部销售免税货物的企业，不予办理增值税一般纳税人认定手续。

【答案】√

64. 委托加工的应税消费品收回后直接出售的，不再交纳消费税。

【答案】√

65. 稿酬所得，以每次出版、发表取得的收入为一次。根据有关规定，作者去世后，对取得其遗作稿酬的个人，稿酬所得不征收个人所得税。

【答案】×

【解析】应当征收个人所得税。

66. 签发票据的出票日期时，“10 月 20 日”应写成零壹拾月零贰拾日。

【答案】√

【解析】对于加“零”的要求主要是为了防止变造出票日期，在 1 月、2 月和 10 月之前加写“零”字；在 1－10 日、20 日、30 日之前需要加写“零”字。例如 3 月不加零也没有关系，因为没有 13 月。1 月、2 月因为有拾壹月、拾贰月的缘故，加写“零”后就无法改变出票的日期了。

67. 我国法律规定，从事社会审计的人员必须具有注册会计师资格，注册会计师执行业务，必须加入会计师事务所。

【答案】√

68. 《企业会计准则》规定，企业至少应当按季度编制财务报表。

【答案】×

【解析】企业至少应当按年度编制财务会计报告。

69. 总预算是指政府的财政汇总预算。各级总预算有本级政府预算和所属下级政府的总预算汇编而成，而乡级政府的总预算则是指本级政府预算。

【答案】√

【解析】我国预算共分为五级。最下级的政府预算是指乡级政府预算，因为没有下级政府预算，总预算即指本级政府预算。

70. 预算组织程序包括预算的编制、审批、执行和调整四个环节组成。在预算执行中，因上级政府返还或者给予补助而引起的预算收支变化，不属于预算调整。

【答案】√

71. 预算是指对年度预算收支执行结果的会计报告，是预算执行的总结，是国家管理预算活动的最后一道程序。

【答案】×

【解析】这是决算的含义。决算是国家管理预算活动的最后一道程序。

72. 属于地方预算的政府采购项目，其集中采购目录和政府采购限额标准由省、自治区、直辖市人民政府或者其授权的机构确定并公布。

【答案】√

【提示】属于中央预算的政府采购项目，其集中采购目录和政府采购限额标准由国务院确定并公布。

73. 在政府采购活动中，采购人员及相关人员与供应商有利害关系的应当回避，供应商认为采购人员及其相关人员与其他的供应商有利害关系的，可以申请回避，体现了公平竞争的原则。

【答案】√

74. 财政收入的收缴方式分为“直接缴库和集中汇缴”两种方式。直接缴库是由缴款单位或缴款人按照有关法律法规规定，直接将应缴收入缴入国库单一账户或预算外资金财政专户。

【答案】√

75. 预算单位零余额账户，用于财政授权支付和清算。该账户在行政事业单位会计中使用，可以办理转账、提取现金等结算业务，可以向本单位按账户管理规定保留的相应账户划拨工会经费、住房公积金等。

【答案】√

四、综合题

【考试要点】

(1)原始凭证错误的更正。

(2)财务会计报告的编制要求。

(3)以不同依据编制财务会计报告的行为是严重违法行为。

(4)财务会计报告的签章主体。

(5)会计档案的销毁及保管期限。

(6)不相容职务相互分离、相互制约。

(7)会计机构负责人的任职资格。

(8)会计人员的回避制度。

(9)会计工作交接的范围。

(10)交接人员的责任。

1. 会计工作的交接

【案情】会计人员李某因病休假两个星期，其会计工作需要他人代理。李某考虑休假结束后仍从事会计工作，故未办理会计工作交接手续。

【答案】李某临时休假未办理会计工作交接的做法是错误的。根据相关规定：临时离职或因病不能工作、需要接替或代理的，会计机构负责人或单位负责人必须指定专人接替或者代理，并办理会计工作交接手续。

2. 会计档案的销毁程序及要求

【案情】档案管理部门会同财务部将已结账到期的会计档案编造清册，报请公司负责人批准后，由财务部负责保管会计档案的张某在无他人在场时销毁。

【答案】销毁会计档案，首先应编制销毁清册，报经单位负责人批准后，由档案管理机构和会计机构共同派员监销，销毁后还应在销毁清册上签名盖章，并将监销情况报告本单位负责人。所以张某独自销毁会计档案的做法是错误的。

3. 出纳员的职责权限

【案情】因公司经理出差在外，财务部经理指定公司出纳张某代理李某所管的固定资产明细账及收入、支出、费用明细账的记账登记工作。

要求：指出上述事项中哪些行为不符合会计法律制度的规定，并说明理由。

【答案】根据相关规定，出纳人员不得负责有关收入、费用、债权债务等账目的登记工作，所以财务部经理指定张某代理李某的工作是不符合相关规定的。

4. 开具支票的要求：如果开具空头支票将承担的责任

【案情】某销售企业1月29日银行存款账户余额2万元。当日，一材料供应商上门到该企业催要金额为18万元的材料货款。该企业为了尽快将供应商打发走，就向其开出了一张18万元的转账支票。

问：开出的转账支票属于什么性质的支票？银行是否可对该企业进行罚款？罚款金额是多少？供应商是否有权要求该企业对其赔偿？赔偿金额是多少？

【答案】该企业开出的支票是空头支票，银行可以对该企业进行罚款。按照有关规定。银行应对该单位退票，并按票面金额处以5%但不低于1 000元的罚款，供应商也有权向该单位索赔票面金额2%的赔偿金。

【提示】罚款金额是按照票面金额计算的，有考生按存款余额与票面金额的差额计算是错误的。

5. 财政部门对会计工作的监督检查

【案情】A公司是在某市设立的一家中外合资经营企业。2014年5月，A公司接到通知，市财政局将对该公司会计工作情况进行检查，公司董事长兼总经理黄某不以为然，认为作为中外合资经营企业，不受《会计法》的约束，财政部门无权对本公司进行检查。

要求：分析A公司董事长兼总经理黄某的观点是否正确？

【答案】根据《会计法》的规定，县级以上人民政府财政部门为各单位会计工作的监督检查部门，对各单位会计工作行使监督权。财政部门有权依法对中外合资企业的会计工作进行监督检查。所以黄某认为中外合资经营企业不受《会计法》约束的观点是错误的。

6. 原始凭证错误的更正

【案情】某公司从外地购买了一批原材料，收到发票后与实际支付款项进行核对时发现发票金额错误，经办人员在原始凭证金额栏上进行了更改，并加盖了本单位的印章，并以此作为报销凭证。

要求：分析上述公司作法是否有不妥之处？

【答案】根据《会计基础工作规范》的规定，原始凭证金额有错误的，应由出具单位重开，不得在原始凭证上更正。原始凭证如果有金额以外的错误，应由出具单位进行更正并加盖出具单位印章。该公司经办人员自己更改原始凭证金额的作法是错误的。

7. 企业财务报告的签章主体及要求

【案情】宏祥公司是一家国有大型企业。2014年12月，公司召开董事会，董事长兼总经理邓某认为：财务报告专业性很强，我也看不懂，以前我在财务会计报告上签字盖章只是履行程序而已，意义不大，从今以后公司对外报送的财务会计报告一律改由公司周总会计师1人把关，并签字盖章后就可以对外报出。

要求：分析邓某的观点有无不妥之处。

【答案】根据《会计法》的规定，公司对外报出的财务会计报告应当由企业负责人和主管会计工作的负责人、会计机构负责人签名并盖章；设置总会计师的，还应由总会计师签名并盖章。邓某的观点不符合《会计法》的有关规定。邓某应当在公司对外报出的财务会计报告上签名并盖章，以承担他应尽的法律责任。

8. 会计档案的保管与销毁

【案情】年终，甲公司拟销毁一批保管期满的会计档案，其中有一张未结清的债权债务的原始凭证，会计人员郭某认为只要保管期满的会计档案就可以销毁。

要求：分析甲公司会计人员郭某的观点是否正确？

【答案】根据《会计档案管理办法》规定，保管期满但未结清的债权、债务的原始凭证不得销毁。甲公司会计人员郭某认为只要保管期满的会计档案就可以销毁的观点是不正确的。正确的做法是将保管期满，但未结清的债权、债务事项保管到未了事项完结后按照销毁程序销毁。

9. 银行有义务配合有关监督部门进行核查工作

【案情】2013 年 5 月，财政部门在检查中，发现某市国有公司(甲)有重大经济违法嫌疑，随即要求与甲公司有经济业务关系的 B 银行提供有关甲公司的业务往来情况，B 银行没有受理。

要求：分析 B 银行不予受理是否违法?

【答案】根据《会计法》的规定，国务院财政部门及其派出机构在对单位会计凭证、会计账簿、财务会计报告和其他会计资料是否真实、完整实施监督过程中，发现重大违法嫌疑时，可以向与被监督单位有经济业务往来的单位和被监督单位的开户银行查询有关情况，有关单位和金融机构应予以支持。因此，B 银行不予受理的做法是不符合法律规定的，应当受理。

10. 会计机构负责人(会计主管)的任职资格及会计人员的回避制度

【案情】2012 年 12 月，某国有食品加工企业新领导班子上任后，做出了精简内设机构的决定，将会计科撤并到企业管理办公室，(简称“企管办”)，同时任命企管办主任田某兼任会计主管人员，并分工如下：原会计科会计继续担任会计；企管办田主任的女儿担任出纳工作。企管办田主任自参加工作后一直从事文秘行政工作，为了尽快胜任会计主管人员岗位，企业同意田某半脱产参加会计培训班，并参加当年会计从业资格考试。

要求：分析该企业撤并会计机构、任命会计主管人员、会计工作岗位分工是否符合法律规定?

【答案】(1)根据《会计法》规定，担任单位会计机构负责人(会计主管人员)的，除取得会计从业资格证书外，还应具备会计师以上专业技术职务资格或从事会计工作 3 年以上经历。田某多年从事文秘行政工作，不仅没有会计从业资格证书，而且没有会计工作经历，因此不符合担任会计主管人员的条件。

(2)根据《会计基础工作规范》的规定，国家机关、国有企业等单位任用会计人员应实行回避制度。会计机构负责人、会计主管人员的直系亲属不得在本单位会计机构中担任出纳工作。因此，田某的女儿不得担任本单位的出纳工作。

【提示】“直系亲属”指：夫妻关系、子女关系以及侄子侄女、外甥外甥女等，均属回避范围。

11. 会计工作的交接

【案情】2013 年 1 月，蓝星服装厂发生如下事项：7 日，该厂会计李某需脱产学习一周，会计科长指定出纳小杨临时兼管债权、债务账目的登记工作，未办理会计工作交接手续。

【答案】按照相关规定，出纳人员不能兼管债权、债务账目的登记工作，因此小杨不能接替李某的工作。李某虽然只脱产学习 1 周，按照规定也需要办理会计工作临时交接手续，因此该厂的上述做法是错误的。

12. 会计档案的销毁

【案情】某厂档案科会同会计科销毁了一批保管期满的会计档案，未报经厂领导批准，也未编造会计档案销毁清册，销毁未履行任何手续。

要求：分析本题中的不妥之处。

【答案】会计档案保管期满需要销毁的，需要编造会计档案销毁清册，经单位负责人签署意见后方可销毁。销毁后，监销人应当在会计档案销毁清册上签章，并将监销情况报告单位负责人。该厂未报单位负责人批准擅自销毁会计档案、也未编造销毁清册、销毁后未履行任何手续的做法是错误的。

13. 坚持准则的含义及要求，作为会计人员你该怎么做?

【案情】某公司财务部门年末时发现，该年度业务招待费超过规定的开支标准，于是，会计人员按照领导意图，搞来一些假发票，准备将超支的业务招待费列入管理费用的其他项目。

试问：这种做法是否违背了会计职业道德规范？为什么？

【答案】这种做法是不符合会计人员坚持准则的道德规范的。当遇到道德冲突时，应判断“是”与“非”，维护国家和社会公众利益，以维护国家利益和正常的经济秩序。如果会计人员放弃原则作“老好人”就会使会计工作严重偏离准则，会计信息的真实性、完整性就无法得到保证，如此行为的会计人员也应承担相应责任。如果我是会计人员，我应努力做到：①熟悉准则；②遵循准则；③坚持准则。对法律负责，对国家和社会公众负责，敢于同违反会计法律和制度的现象作斗争，确保会计信息的真实性和完整性。

14. 开具支票的具体要求

【案情】2014 年 12 月，某市公安局接到 A 公司报案，称 A 公司查账时发现，同年 10 月付与 B 公司的一张 30 800 元的转账支票，却被提走了 130 800 元。接报后，公安机关分析 B 公司张某有重大作案嫌疑。经查，2014 年 10 月，B 公司张某为受害单位进行设备大修理，工程结束后收到转账支票一张。张某见支票上只有小写金额，遂将小写金额前加个“1”，自己再填上大写金额。从而顺利地将款项划到自己账下。

要求：分析 B 公司张某能够得逞的原因。

【答案】根据《支付结算办法》的规定，票据和结算凭证金额必须以中文大写和阿拉伯数字同时记载，且两者必须一致。本例中，B 公司张某得逞的主要原因是 A 公司未严格按照规定填写，以及小写金额数字前未填写人民币符号“￥”，从而给张某的违法行为留下了可乘之机。

五、不定项选择题的参考内容

1. 会计职业道德与会计法律制度的区别

【答案】会计职业道德与会计法律制度的区别表现在：

(1)两者的性质不同。会计法律制度具有很强的他律性，而会计职业道德来自于职业习惯和约定俗成，并不代表统治者的意志。

(2)两者的作用范围不同。受到会计职业道德谴责的，不一定受到会计法律的制裁，而受到会计法律制裁的，一般都会受到职业道德的谴责。

(3)两者的表现形式不同。会计法律制度的表现形式是具体的正式形成文字的条款，而会计职业道德既有明文规定，也有不成文的、只存在于会计人员内心的意识和信念。

(4)实施保障机制不同。

(5)两者的评价标准不同。

2. 单位银行结算账户的种类

【答案】单位银行结算账户共分为基本存款账户、一般存款账户、临时存款账户、专用存款账户四类。其中：

(1)基本存款账户是指存款人办理日常转账结算和现金收付的账户。

(2)一般存款账户是指在基本存款账户以外的银行开立的账户。可以办理借款转存、交存现金等业务。

(3)临时存款账户是存款人因临时经营活动需要而开立的账户。

(4)专用存款账户是指存款人因特定用途而开立的账户。

【提示】在任何情况下均不得提取库存现金的是一般存款账户。

3. 伪造、变造会计凭证、会计账簿，编制虚假财务会计报告该负有的行政责任

【答案】如有上述违法行为，按照《会计法》的规定，可以给予通报、罚款、行政处分、吊销会计从业资格证书等处罚。

4. 坚持准则的含义及其要求

【答案】坚持准则是指会计人员在处理业务过程中，要严格按照会计法律制度办事，不为主观或他人意志左右。坚持准则的基本要求：

(1)熟悉准则。只有熟悉准则，才能按准则办事，做到遵纪守法。

(2)遵循准则，即执行准则。准则是会计人员开展会计工作的标准和参照物。

(3)坚持准则。做到对法律负责，对国家和社会公众负责，敢于同违反会计法律法规的违法现象作斗争。

5. 原始凭证错误的更正方法

【答案】原始凭证记载的各项内容均不得涂改，原始凭证有错误的，应当由出具单位重开或者更正，更正处应加盖出具单位印章。原始凭证金额有错误的，应当由出具单位重开，不得在原始凭证上更正。

6. 会计核算的具体内容

【答案】会计核算的具体内容有以下七个方面：

(1)款项和有价证券的收付。

(2)财物的收发和使用。

(3)债权债务的发生和结算。

(4)资本的增减。

(5)收入、支出、费用、成本的计算。

(6)财务成果的计算和处理。

(7)需要进行会计核算的其他事项。

7. 会计职业道德的概念及其作用

【答案】会计职业道德是指在会计职业活动中应当遵循的、体现会计职业特征的、调整会计职业关系的职业行为准则和规范。会计职业道德的作用，主要体现在以下方面：

(1)会计职业道德是规范会计行为的基础。

(2)会计职业道德是实现会计目标的重要保证。

(3)会计职业道德是对会计法律制度的重要补充。

8. 廉洁自律的含义及其要求

【答案】廉洁自律就是不贪污钱财，不收受贿赂，保持清白。作为每天与钱财打交道的会计人员，必须两袖清风，不取不义之财。并做到：

(1)树立正确的人生观和价值观。

(2)公私分明，不贪不占。

(3)遵纪守法，尽职尽责。

9. 根据《会计法》的规定，会计机构、会计人员如何审核原始凭证

【答案】(1)会计机构和会计人员必须按照法定职责审核原始凭证。

(2)会计机构、会计人员审核原始凭证应当按照国家统一的会计制度的规定进行。

(3)会计机构、会计人员对不真实、不合法的原始凭证有权不予受理，并向单位负责人报告，请求查明原因；对记载不准确、不完整的原始凭证予以退回，并要求经办人员按规定更正或补充完整。

10. 纳税申报的概念及纳税申报的方式

【答案】纳税申报是指纳税人、扣缴义务人按照法律、行政法规的规定，在申报期限内就纳税事项向税务机关书面申报的一种法定手续。纳税申报的方式有：

(1)自行申报(也称直接申报)。

(2)邮寄申报。

(3)数据电文申报。

(4)其他方式(如简易申报、简并征期等申报方式)。

11. 在计算企业所得税时，不得从应纳税所得额中扣除的项目(举出五种以上)

【答案】在计算企业应纳税所得额时，不允许计入成本、不得从应纳税所得额中扣除的支出有：

(1)向投资者支付的股息、红利等权益性投资收益款项；

(2)企业所得税税款；

(3)税收滞纳金；

(4)罚金、罚款和被没收财物的损失；

(5)企业发生的非公益性捐赠支出；

(6)与企业生产经营活动无关的各项非广告性质的支出。

《财经法规与会计职业道德》模拟试题(一)

（根据历年考试真题整理）

一、单项选择题

1. 根据《中华人民共和国会计法》的规定，行使会计工作管理职能的政府部门是(　　)。

A. 税务部门　　B. 财政部门　　C. 审计部门　　D. 金融主管部门

【答案】B

2. 单位会计账簿记录与会计报表有关内容核对相符。也称之为(　　)。

A. 账实相符　　B. 账证相符　　C. 账表相符　　D. 账账相符

【答案】C

3. 根据《中华人民共和国会计法》的规定，担任单位会计机构负责人的，除取得会计从业资格证书外，还应当具备的法定条件是(　　)。

A. 具备会计员专业技术职务资格或从事会计工作 2 年的经历

B. 具备助理会计师专业技术职务资格或从事会计工作 2 年的经历

C. 具备会计师以上专业技术职务资格或从事会计工作 3 年以上的经历

D. 具备注册会计师资格或者从事会计工作 2 年的经历

【答案】C

4. 按照《中华人民共和国会计法》的规定，单位有关负责人在对外提供的财务会计报告上签章的下列做法中，正确的是(　　)。

A. 签名　　B. 盖章　　C. 签名或盖章　　D. 签名并盖章

【答案】D

5. 会计人员发生(　　)变更，可以不向会计从业资格管理机构办理从业档案信息变更登记。

A. 学历　　B. 学位

C. 会计岗位　　D. 专业技术职务资格

【答案】C

6. 会计档案的保管期限是从(　　)算起。

A. 审计报告之日　　B. 会计年度终了后第一天

C. 移交档案管理机构之日　　D. 会计资料的整理装订日

【答案】B

7. (　　)是指政府有关部门依据有关法律、法规的规定和部门的职责权限，对有关单位的会计行为、会计资料所进行的监督检查。

A. 会计监督　　B. 政府监督　　C. 审计监督　　D. 社会监督

【答案】B

8. 内部会计监督的对象为(　　)。

A. 本单位的各种活动

B. 本单位的单位负责人、会计机构及会计人员

C. 本单位执行法律的情况

D. 本单位的经济活动

【答案】D

9. 《中华人民共和国会计法》所指“会计主管人员”是指(　　)。

A. 单独设置会计机构的会计机构负责人

B. 主办会计、主管会计

C. 未单独设置会计机构而在有关机构中指定的行使会计机构负责人职权的负责人

D. 未设总会计师的单位中分管会计工作的行政副职领导

【答案】C

10. 根据《支付结算办法》的规定，签发票据时，可以更改的项目是(　　)。

A. 出票日期　　B. 收款人名称　　C. 用途　　D. 票据金额

【答案】C

11. 银行审核支票付款的依据是支票出票人的(　　)。

A. 电话号码　　B. 身份证　　C. 支票存根　　D. 预留银行签章

【答案】D

12. 从事生产、经营的纳税人，应当自领取营业执照之日起(　　)日内申报办理税务登记。

A. 20　　B. 30　　C. 50　　D. 60

【答案】B

13. (　　)是发票的主管机关，负责发票印刷、领购、开具、取得、保管、缴销的管理和监督。

A. 财政管理机关　　B. 税务管理机关

C. 工商管理机关　　D. 物价管理机关

【答案】B

14. 税务机关按照有关法律、法规的规定，按照一定的程序，核定纳税人在一定经营时期内的应纳税经营额及收益额，并以此为计税依据，确定其应纳税额。这种征收方式是(　　)。

A. 查账征收

B. 查验征收

C. 定期定额征收(针对的是个体工商户和个人独资企业)

D. 查定征收

【答案】C

15. (　　)是职业道德中的最高境界。

A. 爱岗敬业　B. 诚实守信　C. 办事公道　D. 奉献社会

【答案】D

16. "理万金分文不沾""常在河边走，就是不湿鞋"体现的会计职业道德是(　　)。

A. 参与管理　B. 廉洁自律　C. 提高技能　D. 强化服务

【答案】B

17. 在会计职业活动中，如果发生道德冲突时要坚持原则，把(　　)利益放在第一

A. 个人利益　B. 社会公众　C. 客户　D. 业主

【答案】B

18. 在我国会计职业道德规范中，(　　)是会计人员做到依法办事的核心内容。

A. 诚信为本　B. 操守为重　C. 坚持准则　D. 不做假账

【答案】C

19. 可以办理转账、提取现金等结算业务，用于财政授权支付和清算的账户是(　　)。

A. 财政部门的零余额账户　B. 预算单位零余额账户

C. 国库单一账户　D. 预算外资金专户

【答案】B

20. 下列纳税人中不作为小规模纳税人的是(　　)。

A. 从事货物生产或提供应税劳务的纳税人，年应税销售额在50万元以下的

B. 从事货物销售的纳税人，年应税销售额在80万元以下的

C. 年应税销售额超过小规模纳税人标准的非企业性单位

D. 从事货物生产或提供应税劳务的纳税人，年应税销售额在80万元以下的

【答案】C

【解析】①从事货物生产或提供应税劳务的纳税人，以及以从事货物生产或提供应税劳务为主，并兼营货物批发或零售的纳税人，年应税销售额在50万元以下的；②其他纳税人，年应税销售额在80万元以下的；③年应税销售额超过小规模纳税人标准的个人；④非企业性单位、不经常发生应税行为的企业，视同小规模纳税人。

21. 税务登记不包括(　　)。

A. 开业登记　B. 变更登记

C. 核定应纳税额　D. 注销登记

【答案】C

22. 有权审查中央和地方预算草案及中央和地方预算执行情况的报告的是(　　)。

A. 全国人民代表大会　　B. 省级人民代表大会

C. 县级人民代表大会　　D. 乡级人民代表大会

【答案】A

23. 政府采购资金是指采购机关获取货物、工程和服务时支付的资金，不包括(　　)。

A. 预算资金　　B. 预算外资金

C. 单位自筹资金　　D. 银行借款

【答案】D

24. 下列各项中，不属于预算单位实行财政直接支付的财政性资金的是(　　)。

A. 物品和服务采购支出

B. 年度财政投资不足 50 万元人民币的工程采购支出（提示：这是授权支付）

C. 工程采购支出

D. 工资支出

【答案】B

25. 下列各项中，属于预算单位财政授权支付的资金是(　　)。

A. 物品和服务采购支出

B. 年度财政投资不足 50 万元人民币的工程采购支出

C. 工程采购支出

D. 工资支出

【答案】B

二、多项选择题

1. 会计法律制度是指国家权力机关和行政机关制定的各种会计规范性文件的总称。下列各项中，属于会计法律制度的有(　　)。

A. 会计法律　　B. 会计行政法规

C. 会计规章　　D. 单位制定的内部监督制度

【答案】ABC

2. 根据《中华人民共和国会计法》的规定，下列各项中，单位出纳人员不得兼任的工作有(　　)。

A. 稽核　　B. 会计档案保管

C. 银行存款日记账登记工作　　D. 费用账目登记工作

【答案】ABD

3. 根据国家统一的会计制度的规定，单位对外提供的财务会计报告应当由单位有关人员签名并盖章。下列各项中，应当在单位对外提供的财务会计报告上签名并盖章的有(　　)。

A. 单位负责人　　B. 总会计师

C. 会计机构负责人　　D. 单位内部审计人员

【答案】ABC

4. 下列关于财政部门的零余额账户的表述，正确的是(　　)。

A. 账户用于财政直接支付和与国库单一账户支出清算

B. 账户每日发生的支付，于当日营业终了前与国库单一账户清算

C. 营业中每笔支付额5 000万元人民币以上的(含5 000万元)，应当及时与国库单一账户清算

D. 财政部门的零余额账户在国库会计中使用，行政单位和事业单位会计中不设置该账户

【答案】ABCD

5. 财政收入的收缴方式包括(　　)。

A. 直接缴库　　B. 集中汇缴　　C. 委托缴库　　D. 间接缴库

【答案】AB

6. 单位银行结算账户一般分为(　　)。

A. 基本存款账户　　B. 特殊存款账户

C. 临时存款账户　　D. 专用存款账户

【答案】ACD(除此之外还有一般存款账户)

7. 单位存款人可以申请开立临时存款账户的情况包括(　　)。

A. 临时存款　　B. 设立临时机构

C. 异地临时经营活动　　D. 注册验资

【答案】BCD

8. 超额累进税率适用于(　　)。

A. 工资薪金所得　　B. 偶然所得

C. 稿酬所得　　D. 个体工商户生产经营所得

【答案】AD

9. 会计职业道德的内容之一就是要“坚持准则”，这里的“准则”包括(　　)。

A. 会计法律　　B. 会计法规　　C. 会计制度　　D. 会计准则

【答案】ABCD

10. 职业技能也可称为职业能力，就会计职业而言，“职业技能”包括的主要内容有(　　)。

A. 会计理论水平　　B. 会计实务操作能力

C. 提供会计信息能力　　D. 职业判断能力

【答案】ABCD

三、判断题

1. 公司、企业可以根据报表使用者不同的需要，采取不同的编制基础、编制依据、编制原则和编制方法分别编制并提供财务会计报告。(　　)

【答案】×

2. 会计档案的保管期限分为永久和定期两类，保管期限从会计档案交存之日起算。(　　)

【答案】×

3. 国家统一的会计制度，是指国务院财政部门根据《中华人民共和国会计法》制定的，关于会计核算、会计监督、会计机构和会计人员以及会计工作管理的制度。(　　)

【答案】√

4. 《中华人民共和国会计法》中所指的单位负责人包括单位的副职领导人。(　　)

【答案】×

5. 会计资料移交后，如发现移交人员在其经办会计工作期间内所发生的问题，应由移交人员和接收人员共同对这些会计资料的合法性、真实性承担法律责任。(　　)

【答案】×

6. 财政部门有权对会计师事务所出具的审计报告的程序和内容进行监督。(　　)

【答案】√

7. 存款人可以通过一般存款账户办理现金支取。(　　)

【答案】×

8. 出票人签发空头支票，银行应予以退票、并按票面金额处以10%但不低1 000元的罚款。(　　)

【答案】×

9. 个人银行结算账户仅限于办理现金存取业务，不得办理转账结算。(　　)

【答案】×

10. 在预算执行中，因上级政府返还或者给予补助而引起的预算收支变化，不属于预算调整。(　　)

【答案】√

11. 纳税人的计税依据明显偏低、又无正当理由的，税务机关有权核定其应纳税额。(　　)

【答案】√

12. 当单位利益与社会公众利益发生冲突时，会计人员应首先考虑单位利益，然后再考虑社会公众利益。(　　)

【答案】×

13. 会计职业道德规范中的“坚持准则”不仅指会计准则，而且包括会计法律、法规、国家统一的会计制度以及与会计工作相关的法律制度。(　　)

【答案】√

14. 会计职业道德是会计法律规范实施的重要的社会和思想基础，会计法律制度是促进会计职业道德规范形成和遵守的制度保障。(　　)

【答案】√

四、综合题

1. 某企业某年2月份发生如下事项：

(1)12日，企业会计科会同档案科对单位会计档案进行了清理，编制了会计档案销毁清册，将保管期已满的会计档案按规定程序全部销毁，其中包括一些保管期满但尚未结清债权债务的原始凭证。

【答案】企业销毁保管期满但有未结清的债权债务的原始凭证的行为不符合《会计法》的规定。其理由为：根据法律规定，保管期已满的会计档案，应由单位档案管理机构提出销毁意见，会同会计机构共同鉴定，报单位负责人批准后，由单位档案管理机构和会计机构共同派员监销；但是，保管期满但尚未结清的债权债务的原始凭证以及其他未了事项的原始凭证，不得销毁。正确的做法是应当单独抽出立卷，保管到未了事项完结为止。在本案中，该企业销毁了一些保管期满但未结清的债权债务的原始凭证，属于违法行为。

(2)23日，会计科在例行审核有关单据时，发现一张购买设备的发票，其金额栏“50 000”元的数字有更改迹象。经查阅相关买卖合同、单据，确认更改后的金额数字是正确的。于是，会计科要求该发票的出具单位在发票“金额栏”更改之处加盖出具单位印章。之后，该企业予以受理并据此登记入账。

问：该企业对购卖设备发票的处理是否符合法律规定？说明理由。

【答案】该企业对购买设备发票的处理不符合法律的规定。《会计法》规定，原始凭证金额有错误的应当作为废票处理，不得更正，只能由原始凭证开具单位重新开具。

2. A公司原是一家国有企业，2014年内，发生了如下事项：

(1)某法院因工作需要暂时借用A公司上一年的会计档案，对有关原始凭证做了摘录或复制。工作过程中，得到了A公司的大力支持，经档案管理员张某签字，办理了详细的外借登记手续。

问：该公司向某法院提供外借、查阅、复制会计资料是否合法？

【答案】该公司向某法院提供外借、查阅、复制会计资料程序不合法。因为根据《会计法》的规定，单位会计档案经本单位负责人批准后，可以提供查阅或者复制原件。档案管理员没有批准的权力。

(2)8月18日，A公司开出一张面额为10 000元整的转账支票向某运输公司支付运费。次日，运输公司向银行提示付款，银行发现该支票为空头支票遂予以退票，并对该公司处以1 000元的罚款。运输公司要求A公司除支付其10 000元的运费之外，还应当另外支付其 2 000 元的赔偿金。

问： 银行对 A 公司签发空头支票处以 1 000 元罚款是否合法？运输公司是否能够以 A 公司签发 10 000 元空头支票为由而要求取得 2 000 元赔偿金？

【答案】 银行对 A 公司签发空头支票处以 1 000 元罚款是合法的。因为根据法律规定：出票人签发空头支票的，银行应当予以退票，并按票面金额处以 5% 但不低于 1 000 元的罚款。运输公司只能要求 A 公司赔偿 200 元，因为根据法律规定，出票人签发空头支票的，持票人有权要求出票人赔偿出票金额 2% 的赔偿金。

(3) 为了提高会计信息的披露效率，经公司管理层研究决定：公司以后凡是对外报送的财务会计报告均由财务科科长吴某签字、盖章后正式报送，以利于会计信息的及时披露。

问： 公司管理层关于“公司以后凡是对外报送的财务会计报告均由吴某签字、盖章后正式报送”的决定是否合法？

【答案】 公司管理层关于“公司以后凡是对外报送的财务会计报告均由吴某签字、盖章后正式报送”的决定不合法。因为根据《会计法》的规定，财务会计报告应当由单位负责人和主管会计工作的负责人、会计机构负责人或者会计主管人员签名并盖章；设置总会计师的单位，还必须有总会计师签名并盖章。因此，只由财务科科长签名是不符合法律规定的。

《财经法规与会计职业道德》模拟试题(二)

(根据历年考试真题整理)

一、单项选择题

1. 依法定方式签发票据，并将票据交付给收款人的人称为(　　)。

A. 背书人　　B. 出票人　　C. 收款人　　D. 付款人

【答案】B

2. 按照分税制财政管理体制，中央预算和地方预算对同一税种的收入按照一定划分标准或者比例分享的收入是(　　)。

A. 中央预算收入　　B. 地方预算收入

C. 中央和地方预算共享收入　　D. 税收收入

【答案】C

3. 各级政府编制年度预算草案的依据是(　　)。

A. 国民经济和社会发展计划、财政中长期计划以及有关的财政经济政策

B. 本级政府的指示和要求以及本级政府财政部门的部署

C. 本部门、本单位的职责、任务和事业发展计划

D. 本部门、本单位上一年度预算执行情况和本年度预算收支变化因素

【答案】A

4. 下列各项中属于政府采购部门规章的是(　　)。

A.《广东省实施政府采购法办法》　　B.《政府采购信息公告管理办法》

C.《上海市政府采购管理办法》　　D.《政府采购法》

【答案】B

【提示】选项A和C属于地方性法规，选项D属于法律。

5. 税务登记不包括(　　)。

A. 开业登记　　B. 变更登记

C. 核定应纳税所得额　　D. 注销登记

【答案】C

【提示】除ABD之外，税务登记还有停业、复业登记和外出经营报验登记。

6. 当存款人银行结算账户有法定变更事项的，应于(　　)日内书面通知开户银行并提供

有关证明。

A. 2　　B. 5　　C. 7　　D. 10

【答案】B

【提示】银行应当在收到变更通知后 2 天报送央行。

7. 根据《银行账户管理办法》的规定，存款人对用于基本建设的资金，可以向其开户银行出具相应的证明并开立(　　)。

A. 临时存款账户　　B. 一般存款账户

C. 专用存款账户　　D. 基本存款账户

【答案】C

8. 在转让票据时，在票据背面签字或盖章并将该票据交付给受让人的票据持有人的人称为(　　)。

A. 背书人　　B. 出票人　　C. 收款人　　D. 付款人

【答案】A

9. 下列各项中，不属于会计岗位的是(　　)。

A. 出纳　　B. 档案管理

C. 仓库保管员　　D. 财产物资核算岗位

【答案】C

【解析】内部审计、政府审计以及超市收银员、门诊收费员等均不属于会计岗位。

10. 《中华人民共和国会计法》规定，单位负责人、会计机构负责人或会计主管人员应在财务会计报告上(　　)。

A. 签名　　B. 盖章　　C. 签名或盖章　　D. 签名并盖章

【答案】D

【解析】大中型企业设置总会计师的，总会计师也应当在财务会计报告上签名并盖章。

11. 我国境内的外商投资企业，会计记录文字符合规定的是(　　)。

A. 只能使用中文　　B. 只能使用外文

C. 使用中文，同时可选择一种外文　　D. 在中文和外文中选择一种

【答案】C

【解析】实际工作中，外国企业会计记录的文字等信息需要在有关税务主管部门进行登记。

12. 增值税的基本税率为(　　)。

A. 3%　　B. 13%　　C. 17%　　D. 10%

【答案】C

【解析】增值税基本税率为 17%，增值税低税率为 13%。

13. 根据规定，有权制定税收法律的是(　　)。

A. 全国人民代表大会及其常委会　　B. 国务院

C. 财政部　　D. 国家税务总局

【答案】A

【解析】法律的制定部门是全国人大及其常委会，行政法规的制定部门是国务院，国家统一的会计制度是由国务院财政部门制定的。

14. 《中华人民共和国会计法》规定，单位会计行为的责任主体是(　　)。

A. 总会计师　　B. 单位负责人　　C. 会计人员　　D. 会计机构负责人

【答案】B

【提示】公司制企业董事长为第一责任人。

15. 单位内部会计监督，可通过(　　)进行。

A. 单位内部会计机构、会计人员　　B. 单位内部纪检人员

C. 单位负责人　　D. 上级单位领导

【答案】A

【注意】A 选项可以变成两个选项，可以出不定项选择题中的多选题。

二、多项选择题

1. 消费税采用的计税方法有(　　)。

A. 从价定率　　B. 定期定额　　C. 复合计税　　D. 从量定额

【答案】ACD

【提示】定期定额是税款征收方式，适用于个体户、个人独资企业的税款征收。采用复合计税的有卷烟和白酒。

2. 在计算企业所得税时，准予从收入总额中扣除的税金包括(　　)。

A. 城建税　　B. 房产税　　C. 车船税　　D. 营业税

【答案】ABCD

【提示】选项 ABCD 税款在计提时计入"营业税金及附加"账户，则计入成本。

3. 根据《预算法》的规定，各部门、各单位编制年度预算草案的依据包括(　　)。

A. 法律、法规

B. 本级政府的指示和要求以及本级政府财政部门的部署

C. 本部门、本单位的职责、任务和事业发展计划

D. 本部门、本单位上一年度预算执行情况和本年度预算收支变化因素

【答案】ABCD

4. 专用发票适用于(　　)。

A. 商品房销售发票　　B. 商业批发统一发票

C. 工业企业产品销售统一发票　　D. 广告费用结算发票

【答案】AD

5. 朱镕基同志在 2001 年视察北京国家会计学院时，为北京国家会计学院题词的内容包

括(　　)。

A. 诚信为本　　B. 操守为重　　C. 坚持准则　　D. 不做假账

【答案】ABCD

6. 下列各项中，属于会计技能的有(　　)。

A. 提供会计信息能力　　B. 会计实务操作能力

C. 职业判断能力　　D. 沟通交流能力

【答案】ABCD

7. 下列各项中，体现会计职业道德的“客观公正”要求的有(　　)。

A. 真实可靠　　B. 如实反映　　C. 实事求是　　D. 不偏不倚

【答案】BCD

8. 会计职业道德除了具有道德的一般特征之外，还具有(　　)特征。

A. 职业性　　B. 实践性　　C. 继承性　　D. 多样性

【答案】ABCD

9. 会计职业道德教育的形式有(　　)。

A. 接受教育　　B. 学历教育　　C. 自我教育　　D. 继续教育

【答案】AC

10. 下列存款人中，可以在异地开立有关银行结算账户的有(　　)。

A. 营业执照注册地与经营地不在同一行政区域需要开立专用存款账户的

B. 异地临时经营活动需要开立临时存款账户的

C. 自然人根据需要在异地开立个人银行结算账户的

D. 办理异地借款和其他结算需要开立一般存款账户的

【答案】BCD

11. 下列存款人中，需要向开户银行提出撤销银行结算账户的申请的有(　　)。

A. 被吊销营业执照　　B. 迁址需要变更开户银行

C. 到外地临时经营　　D. 宣告破产

【答案】AD

12. 根据规定，下列情况下，存款人可以申请开立临时存款账户的有(　　)。

A. 外地临时机构

B. 基本建设基金

C. 在基本存款账户以外的银行取得借款

D. 临时经营活动需要

【答案】AC

【解析】选项 B 应当开立专用存款账户，选项 D 不是应选项，如果到外地临时经营可以开立临时存款账户。

13. 根据《预算法》的规定，属于国务院财政部门职权的是(　　)。

A. 国务院财政部门具体编制中央预算、决算草案

B. 具体组织中央和地方预算的执行

C. 具体编制中央预算的调整方案

D. 提出中央预算预备费动用方案

【答案】ABCD

14. 根据《预算法》的规定，中央预算的编制内容包括(　　)。

A. 返还或者补助地方的支出　　B. 上一年度结余用于本年度安排的支出

C. 地方上解的收入　　D. 上级返还或者补助的收入

【答案】ABC

15. 根据《预算法》的规定，预决算监督的主体包括(　　)。

A. 各级国家权力机关　　B. 各级政府部门

C. 各级政府财政部门　　D. 各级政府审计部门

【答案】ABCD

16. 各单位应定期将会计账簿记录与相应的会计凭证记录逐笔核对，检查(　　)是否一致。

A. 时间　　B. 编号

C. 经济业务内容　　D. 金额和记账方向

【答案】ABCD

17. 出纳人员不得兼管的工作有(　　)。

A. 稽核　　B. 会计档案保管

C. 收入、支出、费用的登记　　D. 债权债务账目的登记

【答案】ABCD

18. 下列有关会计工作交接的说法，正确的有(　　)。

A. 临时离职需要接替的，会计机构负责人或单位负责人必须指定专人接替，并办理会计工作交接手续

B. 临时离职或者因病不能工作的会计人员恢复工作时，应当与接替或代理人员办理交接

C. 有价证券的数量要与会计账簿记录一致，有价证券面额与发行价不一致时，按照会计账簿余额交接

D. 公章、收据、空白支票、发票等必须交接清楚

【答案】ABCD

19. 以下叙述中，正确的包括(　　)。

A. 票据是出票人依法签发的有价证券

B. 票据金额应由出票人自己支付或委托付款人支付

C. 票据行为只包括出票、背书和承兑

D. 票据签章是票据行为生效的重要条件

【答案】ABD

【提示】票据行为还有“保证”。

20. 下列税种中，属于地方税的有（　　）。

A. 增值税　　B. 房产税　　C. 车船税　　D. 土地增值税

【答案】BCD

三、判断题

1. 在预算执行中，因上级政府返还或者补助而引起的预算收支变化，不属于预算的调整。（　　）

【答案】√

2. 在中华人民共和国境内提供应税劳务、转让无形资产或者销售不动产的单位和个人，为营业税的纳税义务人。（　　）

【答案】√

3. 纳税义务人、征税对象、税率是构成税法的3个最基本要素。（　　）

【答案】√

【解析】对纳税人的规定明确了国家向谁征税的问题，是正确处理国家与纳税人之间分配关系的首要条件，它是构成税法的基本要素。征税对象，是税法规定的征税针对的目的物，是税法的最基本要素。税率是对征税对象的征收比例或征收额度，是税法的核心要素。

4. 会计从业资格证书实行注册登记制度。（　　）

【答案】×

【提示】会计从业资格证书的取得实行考试制度。

5. 在会计工作交接中，接替会计人员在交接时因疏忽没有发现所接收的会计资料在真实性、完整性方面存在问题，如果事后发现了交接前的会计问题，那么则应由接替会计人员承担相应的法律责任。（　　）

【答案】×

【提示】正确的处理是以交接时点为限，交接前的会计事项由原移交人员承担责任，交接后的会计事项应当由接替人员承担责任。

6. 中央预算由全国人民代表大会审查和批准，地方各级政府预算由本级人民代表大会审查和批准。（　　）

【答案】√

7. 对票据的出票金额、出票日期、收款人名称进行更改的票据，为无效票据。（　　）

【答案】√

8. 票据出票日期使用小写填写的，开户银行可以受理，但由此造成的损失由出票人自行

承担。(　　)

【答案】×

【提示】票据的出票日期使用小写的银行不予受理。

9. 基本存款账户的存款人可以通过本账户办理转账结算和现金的缴存，但不能办理现金支取。(　　)

【答案】×

10. 企业法人内部单位，只要是单独核算的，就可以申请开立基本存款账户。(　　)

【答案】×

11. 代理记账，是指企业委托有会计资格证书的人员的记账行为。(　　)

【答案】×

12. 变造会计凭证是指用涂改、挖补等手段改变会计凭证真实内容的行为。(　　)

【答案】√

13. 各单位制定的内部会计监督制度，是国家统一会计制度的组成部分。(　　)

【答案】×

14. 会计档案的保管期限分为永久和定期两类，保管期限从会计年度终了后的第一天算起。(　　)

【答案】√

15. 企业可以根据报表使用者的不同需要采取不同的编制基础、编制依据、编制原则和编制方法，分别编制并提供财务会计报告。(　　)

【答案】×

四、综合题(一般在不定项选择题中出现)

1. 2012 年，A 公司由于经营管理和市场方面的原因，经营业绩滑坡。为了获得配股资格，A 公司的主要负责人张三便要求公司财务总监李四对该年度的财务数据进行调整，以保证公司的净资产收益率符合配股条件。李四组织公司会计人员王五以虚假营业额、隐瞒费用和成本开支等方法调整了公司财务数据。A 公司根据调整后的财务资料，于 2013 年 10 月申请配股并获批准发行。

根据上述资料，试分析回答下列问题：

(1)指出哪些当事人存在何种违法行为？哪些当事人违反了哪些会计职业道德要求？

(2)哪些单位或部门可以对相关当事人进行何种处理？并说明理由。

【答案】A 公司张三、李四、王五均存在编制虚假财务会计报告的行为。张三是单位负责人，存在授意、指使他人编制虚假财务会计报告的行为。根据《中华人民共和国会计法》的规定，其构成犯罪的，司法部门依法追究刑事责任；尚不构成犯罪的，可以处以五千元以上五万元以下的罚款。李四、王五作为会计人员，应当拒绝总经理的要求，其行为违背了会计职业道德中会计人员应当诚实守信、客观公正、坚持准则的要求。根据《中华人民共和国会计法》的规定，如果构成犯罪的，依法追究刑事责任；尚不构成犯罪的，由县级以上人民政府财政部门予以通报，可以对李四、王五处以三千元以上五万元以下的罚款；李四、王五为会计人员，应由县级以上人民政府财政部门吊销会计从业资格证书。

2. 高科电子公司会计周萍因工作努力，钻研业务，积极提出合理化建议，多次被公司评为先进会计工作者，周萍的丈夫在一家民营电子企业任总经理，在丈夫的多次请求下，周萍将在工作中接触到的公司新产品研发计划及相关会计资料复印提供给其丈夫，给公司造成了一定损失，但尚未构成犯罪，公司认为她不宜继续担任会计工作。

(1)周萍工作努力，钻研业务，积极提出合理化建议，体现了她具有(　　)的职业道德。(不定项选择题)

A. 爱岗敬业　　B. 客观公正　　C. 参与管理　　D. 提高技能

【答案】ACD

(2)周萍将公司新产品的研发资料复印给其丈夫，给公司造成一定的损失，违背了(　　)的会计职业道德。(不定项选择题)

A. 坚持准则　　B. 廉洁自律　　C. 诚实守信　　D. 强化服务

【答案】AC

(3)对周萍违反会计职业道德的行为，可由(　　)给予处罚。

A. 财政部门　　B. 会计职业团体

C. 公安机关　　D. 所在单位

【答案】ABD